U0710494

# 古漢語詞義答問

陸宗達　王寧　著

中華書局

**圖書在版編目(CIP)數據**

古漢語詞義答問/陸宗達,王寧著. —北京:中華書局,2018.11
ISBN 978-7-101-13462-9

Ⅰ.古… Ⅱ.①陸…②王… Ⅲ.古漢語-詞義-問題解答
Ⅳ.H131-44

中國版本圖書館 CIP 數據核字(2018)第 229145 號

---

**書　　名**　古漢語詞義答問
**著　　者**　陸宗達　王　寧
**責任編輯**　許慶江
**出版發行**　中華書局
　　　　　(北京市豐臺區太平橋西里 38 號　100073)
　　　　　http://www.zhbc.com.cn
　　　　　E-mail:zhbc@ zhbc.com.cn
**印　　刷**　北京市白帆印務有限公司
**版　　次**　2018 年 11 月北京第 1 版
　　　　　2018 年 11 月北京第 1 次印刷
**規　　格**　開本/920×1250 毫米　1/32
　　　　　印張 5⅝　插頁 2　字數 116 千字
**印　　數**　1-4000 册
**國際書號**　ISBN 978-7-101-13462-9
**定　　價**　49.00 元

# 出版説明

《古漢語詞義答問》是陸宗達和王寧兩位訓詁學專家合寫的一部訓詁考據的文集,作者原來的意圖,是爲另一部闡釋訓詁學總體方法及原理的理論專書《訓詁方法論》提供較爲完整的例證。

陸宗達、王寧師生二人,是章黄學術的重要傳人,幾十年來堅持中國傳統"小學"(文字學、音韻學、訓詁學)的繼承,極力推動中國訓詁學走入現代,因而對中國傳統訓詁學如何取其精華、加强理論建設和現代應用進行了深入的思考。本書和與之相關的《訓詁方法論》,都是他們在訓詁學復蘇的上世紀 80 年代踐行志念的重要成果。本書在前言中將古代文獻詞義考據的内容和實際操作的要點,概括爲查本求源、系詞聯義、較同辨異、尋形分字互有聯系的四個方面,全書的編排就按照這四個方面分爲四個部分。需要説明的是,這四個方面在詞義考據的實際操作中,難以斷然分開,全書四個部分的劃分,只是就主要采用的操作内容而言。兩位作者訓詁學功底深厚,考據過程詳盡,重視取證和推理,文章風格深入淺出,足以爲今天的訓詁學初學者示範,對古漢語教學也有重要的參考價值。這是本書出版後在語言學、文獻學界引起讀者重視的主要原因。

本書 1986 年 9 月(完稿於 1982 年)第一次在甘肅人民出版社出版,印數較少,且因多種原因,未曾再版。1994 年 9 月,本書曾與兩位作者的另外兩部性質相同的著作組合，用《訓詁與訓詁學》爲書名，在山西教育出版社出版，雖然繼續流傳，但真實書名被掩蓋，作者原來的意圖也未能彰顯。此次出版，徵得作者同意，恢復 1982 年原貌。由於詞義考據涉及字形與字理，故改用繁體字重新排版，並經原作者之一王寧教授親自校訂。根據作者意見，將“代序”改爲“前言”，成爲本書内容主體的一個部分。王寧教授又撰寫了“再版序言”，與 1982 年“初版説明”相互參照，對撰寫本書的背景和初衷做了進一步的闡明。

相信此次出版，會給讀者閲讀此書帶來更多收穫。

中華書局編輯部

2018 年 8 月

# 目　録


新版序言 …… 王　寧 1

初版説明 …… 1

前言:談古代文獻詞義的探求 …… 1

説"祭"字 …… 22

"中"字形義釋 …… 24

"劉"字的本義與避諱 …… 28

談"局"的本義 …… 30

釋"皇" …… 34

"骯髒"解 …… 37

談"撥亂反正" …… 39

"備行伍"解 …… 41

干支字形義釋 …… 45

"甲" …… 48

"乙" …… 49

"丙" …… 50

"丁" …… 50

"戊" …… 52

"己" …… 52

"庚" …… 52

"辛" …… 53

“壬” …… 53

“癸” …… 54

“子” …… 54

“丑” …… 55

“寅” …… 55

“卯” …… 56

“辰” …… 56

“巳” …… 57

“午” …… 58

“未” …… 58

“申” …… 59

“酉” …… 59

“戌” …… 60

“亥” …… 60

談先秦文獻中“如”的詞義 …… 62

釋“類” …… 65

談“首鼠兩端”的“鼠” …… 68

“檥船待”解 …… 70

“草”字小議 …… 72

談談“因”字的形與義 …… 74

談“社”與“后” …… 78

“職”、“志”同源説 …… 81

“時”、“待”同源説 …… 84

談“祈”與“乞” …… 87

"玩"、"翫"、"忨"辨 …… 90
談"台"及其有關的字與詞 …… 92
"名"、"命"、"明"、"鳴"義相通説 …… 95
"戲"、"麾"、"和"、"綏"皆旗説 …… 98

"言"與"語"辨 …… 102
從"除"與"守"看古今詞義的微殊 …… 107
"資斧"古義考 …… 110
談"加"、"暫"、"數"的詞義訓釋 …… 113
釋"趼" …… 118
"唱喏"考 …… 120
"騃"與"呆" …… 122

釋"貪墨" …… 124
"原田每每,舍其舊而新是謀"解 …… 128
"尚書"與"尚公主" …… 132
"尉劍挺"解 …… 135
論"行李"即"行使" …… 139
"輔車相依"解 …… 141
"厖土之毛"與"不毛之地" …… 144
"天保"考釋 …… 146

索引 …… 151

# 新版序言

王　寧

《古漢語詞義答問》是在我的老師陸宗達(穎民)先生指導下集成的一部字詞考據專書。這本書與之前出版的《訓詁方法論》定稿幾乎同時,都在 1982 年。從我跟隨穎民師學習訓詁學和通讀多種古代文獻以來,積累了很多字詞考據的實例,多半是老師講到又經自己梳理後記下來的。在《訓詁方法論》寫作集稿前後,遇到更多關於古代文獻詞義考據的問題。這些,本來是打算放到《訓詁方法論》裏作爲例證的。但是,由於《訓詁方法論》是將三種方法分别闡釋的,而文獻詞義的考據却必須對形音義互求的方法綜合運用。爲了從理論上分解開來説明訓詁學的原理,對具體的字詞考據就難免説不周全,甚至有所割裂。穎民師對我説,可以另外出一本書,專門講一講形音義互求方法綜合運用的實例。我明白老師的意思:訓詁學的傳承,不但要有理論方法的科學闡釋,還要有第一手材料的語言例證。在《訓詁方法論》的"初版序言"裏説:"我們將在另一部書《古漢語詞義答問》中舉出綜合運用訓詁方法解决詞義問題的各種實例,以補本書的不足。"這就已經説明了兩本書的關係。

《古漢語詞義答問》開始擬定的書名是《古代文獻詞義考據例解》,是從訓詁學和《説文》學教學和閱讀筆記的材料中選出來再加工的。古代訓詁的形式繁多,最普遍的大約有三種——隨文釋義、纂集專書、字詞考據。考據是訓詁學一個重要的基本功,清代的考據家留下了大量的考據材料,不論是歷史、地理、法律、文化等多方面内容的考據,除了實地考察的記録和實物繪圖等呈現方式以外,大量的證據來自古代文獻,都是以字詞意義的考據爲基礎的。只是,清代的考據家都是業内的飽學之士,面對的又是難度很大的專業問題,那些考據便作得精深而簡約,大量篇幅放在取證上,邏輯推理的過程往往略而不言,初學者用其結論而不明就裏,難以從中學會自己操作,有時甚至不能判斷結論的對錯真僞。潁民師對如何教給學生讀前人的考據文章、如何訓練學生進行文獻詞義考據,時有指導。比如,老師常常説起日本學者橋本萬太郎向黄季剛先生請教"交賒"一詞意義的軼事,也時常轉述季剛先生的話説:"世人皆以解讀一二生僻字爲榮,其實,只要證據够用,生僻字的解讀並不難;證據不足,都是猜測,答案見仁見智,有價值的可成假説,亂説的固然可笑可氣,但也壞不了多大事。因爲生僻字偶爾用個一次,錯了也只此一處。麻煩的是字也認得,詞也見過,到了文兒里,憑字典或憑經驗講錯,謬種流傳。"老師也時時告訴我:"發疑最爲重要,所謂'不疑何考'。隨便否定前人之説,甚至挑戰已成定論的常識,那是膚淺。爲考據而考據、無當無爲,是没有意思的。可是在别人都以爲'不疑'的地方發現'有疑',也最不容易。""詞義是難對付的東西,文言實詞就是一個字,可是内裏的意義十分豐富,挖掘出意義内涵,讀文章才能讀出味兒來。""考據要做成確證的考,必須達到'五安'——字安、詞安、理安、事安、文安。"……這些針對具體問題的隻言片語集中起來,加上我自己實踐的體會,便形成我加工本書文章的一些原則,也爲我日後帶領學生練習字詞考據打下基礎。老師去世十多年后,爲了做出衡量考據是否確當的原則,我專門選擇了太炎先生的《春秋左傳讀》開過一次課程,對訓詁考據的方法和原則有了更深的體會。

《古漢語詞義答問》開始時是從 400 多條詞義解讀材料中選擇了將近 100 條準備加工。上世紀 80 年代訓詁學剛剛復蘇,"訓詁""考據"這些詞語還難以普及,要讓初學者讀懂文章,不是一件容易事,但是我們堅信,有《訓詁方法論》講了道理,只要把握好形音義互求的訓詁方法,加之取證充分,論證過程合乎邏輯,讓訓詁學的初學者不止採用結論,還能學習用正確的方法實踐,是可以做到的。材料正在逐條加工期間,師弟謝棟元來京,他看了目録説:"這本書的風格是深入淺出、讓古代訓詁進入當代,可否改用一個現代一點的書名?"穎民師當即接受了這個意見,經過討論,將"古代文獻"改成"古漢語",又將"考據"改成"答問",才成爲現在的書名。棟元的話也提醒了我嚴守寫書的宗旨,所以定稿前又對内容作了調整,删掉了幾則生僻字的考據,並將方法運用不典型的篇目同時删掉,才有了現在的規模。回想起這部書擬文的要求和書名的改動,我有很多感慨。現在有些文章題目誇大其詞與内容不合,各種没有定義的概念堆砌難以卒讀,而穎民師歷來反對故弄虚玄,追求平易通暢,總是要求我"别説大話","往明白裏説",老師的教導形成了我們撰寫文章一貫的追求——不論多深的問題,也要盡量讓讀者看懂。

書前的一篇通論《談古代文獻詞義的探求》,最早在 1982 年第 2 期《辭書研究》發表。穎明師爲人尊賢友仁,他在政協有很多新舊朋友,耿庸(鄭炳中)先生就是老師的好友。這位著名的文學理論和雜文作家,1980 年代平反後放棄了文學刊物,到上海辭書出版社作編審,並辦起了《辭書研究》雜誌。那是《辭書研究》學術性最强的黄金時期,穎民師搬到北師大工 10 樓以後,耿庸先生不止一次到穎民師家裏來,向先生請教有關漢語、漢字的問題,並且希望我們幫助辦好《辭書研究》。耿庸先生辦刊的宗旨十分高遠,和穎民師深談多次後,對老師弘揚中國訓詁學的理想由衷欽佩,並且很快就抓住"中國傳統語言文字學和辭書編纂的關係"這個主題向我們約稿。上世紀 80 年代我們在《辭書研究》上發表的文章很多,大部分與這個主題有關,例如《關於古代書面漢語詞義引伸的規律》《論詞義訓釋》《談因字形求本義的原則》等,内容都是在我們設想的訓詁學理論建設和現代應用規劃内的。與耿庸先生的交往,讓我們認識到,辭書編纂也是訓詁學應用的一個重要領域。《古漢語詞義答問》前的"代序"《談古代文獻詞義的探求》能先於書的出版在《辭書研究》發表,是跟這一段值得紀念的學術交往分不開的。這次重印,將"代序"改成"前言",使它成爲全書主體的一個重要部分。

這三十年,字詞考據的短文積累了更多,中華書局再版時也曾想到補充進本書去;只是,《古漢語詞義答問》的出版周折很多,比《訓詁方法論》晚了整整四年,我拿到樣書時穎民師已經住進友誼醫院。這是老師囑咐和指導我寫的最後一本書,保留原貌紀念老師是必須的。這次再版,除了改正錯字外,我未做其他改動,也是出於這樣的想法。

漢語,尤其是古代漢語,是一種語法結構寬松、詞彙意義豐厚的語言,詞義考據應當引起足够的重視。我在這裏回憶當時的情境,是希望訓詁專業的年輕學者打好考據的基本功。這些年,我們在努力創建基於訓詁學的漢語詞彙語義學,從古人成功的考據中發掘潛在的語言文字規律,對這件事更是非常有意義的。

2018年7月30日

# 初版説明

近年來,許多語文工作者和古籍閱讀者在閱讀古代文獻中遇到一些文字障礙,不時地提出和我們討論,督促我們對古代文獻的詞義問題進行學習和探討。這使我們感到,傳統訓詁學在當前還有很大的理論價值和實用價值;但舊的訓詁學要想爲今天的讀者服務,還需要認真地改造和建設。改造和建設必須與介紹同時進行,而對傳統訓詁學成果的介紹,必須實際一些、具體一些。所以,我們從近年來討論的具體問題中,選擇了一些帶有普遍性的或在訓詁上帶有典型意義的詞義解釋案例,寫成短文,談談我們向前人學習的心得,供對古代文獻詞義有興趣的同志們參考,書名就叫《古漢語詞義答問》,而"答問"絶非"回答問題",只是問問答答、答答問問,也就是討論。其中少部分文章曾在某些刊物上發表過,收入本書時略作了些修改,不再一一注明發表之處。

在這些短文裏,我們想作的不是僅僅宣佈一個詞義的結論——這裏所談的一部分問題的結論,前代訓詁學家早已考證精確,查查書就行了——我們的重點在於用今天的語言,介紹一些解決這些問題的途徑和方法。也就是説,想通過解決這些問題,把訓詁學詞義的探求方法和證明方法具體化。如果這些論證還有些道理,那麽,希望讀者能從中吸取一些經驗,今後遇到類似問題,也可以試着查一查、作一作。這樣,或能使更多的人消除對訓詁的神秘感,關心訓詁學的研究與發展,對訓詁的普及和應用有些好處。

前不久,我們寫了一部介紹訓詁學原理的書《訓詁方法論》,在那本書的序裏我們曾説,還要作一部書對訓詁方法綜合應用提出一些實踐的例證,這部書便是我們用來提供實例的。同時,爲了介紹前人訓詁實踐的具體作法,在本書的前面,我們又寫了《談古代文獻詞義的探求》一文作爲前言。在這篇代序裏,我們把前人的訓詁實踐歸納成查、聯、辨、分四個字,後面的短文,就是基本上按這四項工作來分類編排的。請讀者將《訓詁方法論》一書、前言一文與本書所收的短文對照來讀。

書中涉及到的一些音韻問題,未能一一解釋,僅在書後所附的索引裏,列出了有關字的上古韻韻部、《廣韻》反切和聲、韻、調以及今讀,供讀者在遇到聲音問題時查檢。

撰者

一九八二・七

# 前言:談古代文獻詞義的探求

在批判地繼承我國豐富的文化遺産過程中,閲讀古代文獻是一項不可缺少的工作。古代文獻都是用當時的書面漢語進行表達並用當時的漢字寫成,今天的人要想讀懂它,需要做的工作很多:首先要把句斷開,然後再把字、詞、句作一番研究,找出古代詞語與現代詞語的對當關係。在這個過程中,又會遇到古代生活和生産狀況的問題、古人在表達上的特殊習慣問題、各種不同文體的特殊詞例問題、傳鈔中的訛誤問題、不同版本的異文問題等等,閲讀者要達到詮釋古代文獻的目的,便需正視這些問題並一一解决它們,這樣才能使文意較然可通。在這一系列工作中,始終圍繞着一個中心,那就是探求古代文獻的詞義。詞是語言中最小的表義單位,因此,它必然是詮釋文意的基礎。瞭解了每個單詞的意義固然不等於就能詮釋全部文意,但是如果連個别單詞的意義也搞不清,就根本無由弄懂文意。何况,語言中語法規則的變動相對説來比較緩慢,而變動最迅速最頻繁的是詞彙,尤其是它的意義。後代人讀不懂前代的著作,障礙最多的是出在字詞上。詞義通了,文意也就大致通了。所以,如何探求古代文獻詞義的問題,便成爲一個不可不研究的重要問題。

我國傳統的訓詁學,就是以解釋古代文獻的語義爲主要目的的,詞義詮釋是它的基礎工作。將近兩千年來,訓詁家們爲後代人注釋了成百上千種文獻。魏晋以後,又有人對注釋過的文獻原文和注文再加詮釋,留下了大批的訓詁材料。同時,有關文獻詞義的整理工作和理論研究也取得了很大成績。這對我們理解古代文獻都是極爲有用的。但是,前人的工作從我們今天繼承文化遺産的需要來説,是遠遠不够的。我們今天還需要在前人工作的基礎上,接觸許多新的課題。這是因爲:第一、我國古代的訓詁學原是經學的附庸,它的主要任務是解釋儒家經典。後來,這門學問注意的對象逐漸擴大了。比如,陸德明的《經典釋文》已開始給《老子》、《莊子》作音義,唐代出現了注釋佛經的《一切經音義》。同時,文學和哲學著作陸陸續續有了注解,藥書、醫書和其他科學著作也列入了注解範圍内。但是,這些已注釋過的典籍,比起現在所能見到的各類古代著作來,仍然是少數,還有許多未曾涉及和無人過問的著作,其中不乏有價值的東西,有待我們去詮釋整理。第二、即使是前人注釋過的東西,也只是以當時的語言來解釋更古的語言。當時認爲不需解釋的東西,今天可能需要加以解釋;當時認爲已經解釋清楚的問題,今天又發現疑難;甚至當時用作解釋的語言,今天已經讀不懂了——這些情况都不可避免地要發生。清代著名的小學家段玉裁説:"古今者,不定之名也。三代爲古則漢爲今,漢魏晋爲古則唐宋以下爲今。"隨着古今概念的推移,探求文獻詞義的新課題總是不斷出現的。第三、前代訓詁家由於科學方法不足、所見資料有限,很多已經提出的問題並未得出答案,而是本着"信以傳信,疑以傳疑"的精神留給了後人。而且,在他們已經作出的答案中,又有一部分經不起長期的衡量檢驗,已經證明是錯誤的。這些都有待我們用新的方法和更充足的材料重新來解決。總之,探求古代文獻詞義的工作,今後仍要大量地進行。這裏,我們想談談傳統訓詁學在探求文獻詞義工作中的一些教訓和經驗。

過去的訓詁實踐由於缺乏對科學規律的掌握,或因循錯誤的觀點,或陷於某種盲目性,從而造成了方法的失當,又導致結論的荒謬。許多訓詁大師指出的“望形生訓”、“增字解經”、“穿鑿虛造”、“墨守成訓”、“隨意破字”等等弊病,都是經過多次失敗總結出的教訓,足以作我們的前車之鑒。這些弊病,現代人還常常發生,可以歸納爲以下幾條:

一曰割裂。就是孤立地采用前代已有的個别訓詁材料,不問條件地套用,而不能將大量的有關材料融會貫通,從實際出發,得出恰如其分的結論。清代的訓詁大師王念孫稱這種作法爲“墨守成訓而鮮會通”。例如杜預注《左傳》“澗溪沼沚之毛”時説:“毛,草也。”《廣雅・釋草》也有“毛,草也”的訓詁。有人便忽略在另一些地方“毛”是“苗”的同音借用字,而以爲“毛”的古義只有一個“草”。於是將“不毛之地”釋作“寸草不生的荒地”,將《甘藷疏序》中“方輿之内,山陬海澨,麗土之毛,足以活人者多矣”一段話中的“毛”,泛泛地翻譯作“植物”。以至《出師表》中“五月渡瀘,深入不毛”的“毛”也成了“植物”,於是雲南那樣氣候温潤的地方,恰值五月生長的季節,便被説得連草木也不長了。這都是墨守杜預的個别注釋,孤立運用《廣雅》造成的(詳見《“麗土之毛”與“不毛之地”》一文)。又如,《説文・十二下・乁部》:“也,女陰也。”不少人懷疑《説文》的説法。清人王玉樹《説文疑疑》便駁斥《説文》,以爲“也”就是“匜”,當盥器講。這個説法今天還在起作用。其實,王玉樹不明詞義的引申,不知當盥器講的“匜”字,正是當女陰講的“也”的孳乳字。女陰與盥器正因性狀相同皆爲滴水之器而引申，二者並無矛盾。所以，墨守個别的訓詁會發生錯誤，修改前人的訓詁也不一定都正確。關鍵要看觀察文獻詞義時是孤立割裂的，還是綜合貫通的。

二曰拘泥。就是拘守表面現象而忽略實質，或是拘守自定的條例而流於主觀。拘泥最突出的表現是望形生訓，也就是只從表面字形出發將同音借用字和同源通用字誤爲本字。自清代乾嘉以來，將近二百餘年，一直在反對這個“望形生訓”，提倡“引申觸類，不限形體”，但這個毛病仍然克服不了。例如，今天法律用語“貪墨”一詞，源出《左傳・昭公十四年》“貪以敗官爲墨”。杜預注：“墨，不絜(潔)之稱”，是以“墨”爲“墨黑”的“墨”字。今天仍有人沿用這個解釋，以爲“貪墨”就是“貪污”。其實，杜預這個注正是望形生訓。《左傳》多次出現“貪冒”一詞，“貪墨”即是“貪冒”。“墨”是“冒”的借字。“貪墨”的含義比“貪污”要廣泛得多(詳見《釋“貪墨”》一文)。諸如此類拘泥於形體的解釋，有些還在以訛傳訛，貽誤衆人。至於拘泥於自定的條例，最典型的要算段玉裁《説文解字注》擅改《説文》的説解字了。段注成就很大，改兩徐《説文》之處很多是改得好的。但是段氏認爲《説文》的説解字不應出現不見正篆的俗字或後出字，於是凡見這種字，便改爲正篆所出之字。例如《二上・牛部》“牛，大牲也；牛，件也。件，事理也。”段氏因爲“件”字原不見《説文》，是徐鉉後加的十九文之一，便把“牛”的説解改成“牛，事也，理也”。殊不知“件”是“健”的後出字，而“健”又是“笏”(重文“腱”)的同源通用字。“牛，件也”，即是“牛，腱也”。“腱”是牛身上有力之處，同時又是肌紋分明之處，所以用來説明牛的特徵。“件”又有“條理”之義，今俗以“件”爲量詞，與“一事”、“一條”同意。“件”訓

"事理"這個補充的旁見説解也作得很好。《説文》的説解字中不見正篆的後出字很多,這正説明許慎承認文字的發展,往往用漢代通行之字解釋篆字。段氏所定的條例並不符合《説文》的實際,拘泥這個自定的條例,便流於主觀;再以此根據來改《説文》,便弄得失其本來面貌了。段氏象這樣誤改《説文》的地方爲數不多。總的來説,他研究《説文》的功績是卓著的。可是在今天,自定條例、亂改前人著作的風氣依然存在,成爲探求詞義的禍患,值得引起我們警惕。

三曰穿鑿。就是或缺乏根據地把本不可通的義理任意牽合,或把没有關係的形體胡亂聯繫,或把相距極遠的聲音無由地隨意相通。穿鑿的形成有些是學風的問題。例如宋代理學家解經,常以經文來附會自己的哲學思想,有時便難免穿鑿。還有些穿鑿的形成,是由於方法上的片面,材料上的缺乏,單證孤引,違反邏輯上的"充足理由律"。例如,跳蚤的"蚤"字借用作早晚的"早"字,本來純粹因爲同音,並無義理上的牽連,有人却説由於古人清早驅逐跳蚤的生活習慣而使"早"與"蚤"同源。這恐怕僅是一種主觀想象。又如,《論語·陽貨》"時其亡也而往拜之",有人認爲"時"是"伺"的借字,當"窺伺"講。這在意義上雖勉强可通,但是"時"、"伺"通借的先例實屬罕見。其實"時"是"待"的同源通用字,王念孫早已有過極精的證明了(詳見《"時"、"待"同源説》一文)。

四曰淆雜。就是將彼此不同的語言現象混爲一談,不加分辨,造成分析問題時的混亂。戴震曾評論有些書"紛然淆雜"。往往越是面臨紛然的現象,越要防止淆雜。混淆字與詞、混淆假借與引申、混淆實詞與虚詞、混淆連綿詞與單音詞、混淆古義與今義等等，都是屬於這類弊病。王念孫、王引之父子著《讀書雜志》和《經義述聞》，因爲混淆同音借用字與同源通用字，顯得條理不清。章太炎先生著《文始》，没有分清字之初與語之源，推源有時不當。符定一的《聯緜字典》，把一部分雙音合成詞也當成了連綿詞，擴大了連綿詞的範圍。這些訓詁大師和辭書編纂者的研究卓有成效，就中的疏漏，實所難免，而在今人的訓詁實踐中，强用今義去附會古義和硬將連綿詞拆單而望形生訓的現象，更常有所見。例如"狼狽"本是"躐跋"的音轉字變，有人却解狼與狽爲兩獸。"横眉厲目"的"横"，古義本爲"不順"，在這個成語裏意思是"不和順"，所以"横"與"厲"對言。而有些書却解"横"爲"横豎"的"横"，難怪有人將這個成語誤寫爲"横眉立目"，以致義不可通了。

綜觀以上幾種現象，總的原因都是由於未盡分析綜合之功，没有按照古代文獻的詞義規律，把形、音、義三者結合在一起，縱横聯繫，左右貫通地來認識每一個詞義，因而也就無法收到準確而客觀地探求詞義、具體而形象地解釋詞義的效果。

探求古代文獻詞義是一項非常複雜而嚴肅的工作。這項工作是否能做好，涉及到正確評價古代文獻的價值和切實地整理運用這些文獻的問題。關於這項工作，前代訓詁學者在吸取了諸多教訓的同時，也獲得了許多行之有效的經驗。小學家們提及訓詁，講究一個"通"字。"通訓詁"，就是將詞義的縱横左右聯繫疏通，避免孤立割裂、穿鑿附會。總結他們的經驗可以看出，"通訓詁"就是要做好四項工作。那就是查本推源、繫詞聯義、較同辨異、尋形分字。有了查、聯、辨、分這四方面的工作，才能保證對文獻詞義探求得客觀、準確、深入、全面。

先説查本求源。

查本求源是指用多義詞的本義來貫通引申義,用同源詞的根詞來貫通孳生詞。因爲本義決定了引申的方向和系列,而根詞決定了同源詞中詞義的共同特點。根詞的本義尤爲重要,查出了它,便可從根本上解釋孳生詞各義項的由來。例如:

"天"。《説文·一上·一部》:"天,顛也。"章太炎先生認爲"天"與"顛"古代是一個字。他的證據是:古代對人體的某個部分施以刑法時,往往取這人體部分的名稱爲這個刑法的名稱。例如,削鼻之刑曰"劓",斷耳之刑稱"刵",去髕(膝蓋)之刑直曰"髕"。而黥鑿其顛(額頂)的刑法稱"天"。《山海經》"刑天無首",則直以"天"爲"顛"了。由此可知,"蒼天"的"天"是以人體之頂來况喻宇宙之頂而得名的。這樣,我們對天地之"天"的詞義,便理解得更具體了。

"幸"。《説文·十下·夭部》:"幸,吉而免凶也,从屰从夭。夭,夭死之事,故死謂之不幸。"《説文》的説解告訴我們,"幸"與"夭"是反義詞,正如"吉"與"凶"是反義詞。那麽,構成"幸"的詞義的根源是什麽呢?《説文·八上·壬部》"垩"字下有個旁見的説解"壬,徼幸也",幫助我們查到"幸"的語源。"壬"字形體象植物出地挺生,是"莖"的古字。莖是整個植物的支柱,特點是直。"壬"與"幸"古音近,"壬"正是"幸"的語源。"幸"的詞義由"直"而來,所以从"幸"之字多有"直"義。如"綽,直也。"《離騷》作"婞直"。而"夭"訓"屈",字形象個歪頭的人。"喬"從"夭",訓"高而曲"。可見歪、曲是"夭"的特點。"幸"與"夭"成反義的根源於此。"幸"與"夭"用到抽象命運上的意義,是從直與曲這兩個相反的形象上發展來的。古人認爲直標誌着幸運、吉祥,而曲折則意味着妖凶。

"玄"。《説文·四下·玄部》:"玄,幽遠也。"古文作𢆯。劉熙《釋名》説:"天謂之玄,玄,縣(懸)也。如縣物在上也。"這個聲訓解决了"玄"的詞義來源,是很有價值的。"玄"在金文、甲骨文中都象一股倒懸的絲綫。懸掛必於高處,所以"玄"有"高深"之義,同時又有"牽引"義,所以"牽"從"玄"。古代因持牛的動作是牽,所以稱牛叫"牽"。《周禮》有"牲牽"、"牽徬"之稱,都直指牛而言。《淮南子》説"玄田爲畜",正是指牽在田裏的動物叫畜。

我們知道,詞的意義不等於邏輯的概念,它含有由本民族的共同生活所决定的具體内容。如果不去查本求源,只是簡單地把某個詞義與某個概念等同起來,不但不能深入地瞭解這個詞意義的特點,而且對詞義的引申綫索也無從查找,便會使多義詞的各義項變成雜亂無章的一堆,是不能達到深入探求詞義的目的的。

次説繫詞聯義。

繫詞聯義,是爲了瞭解詞義變化的綫索,有系統地探求詞義的全貌。這項工作有兩種不同的情況。一種是有源有本的繫聯,一種是本源未定的繫聯。

有源有本的繫聯指根詞和本義已經明確後的繫聯。這種繫聯比較簡單,因爲本源清楚了,引申和孳生的綫索也就清楚了。繫聯只是一種整理,例如:

"天"的本義是人的頭頂,那麽,"天"的同源詞"巔"、

“頂”、“題”……的詞義特點都是至高、至上。由此便可明瞭“題目”的“題”是“題額”的“題”的引申,取其在書文的最前面的特點而名之。

“幸”的詞根是“壬”,詞義特點是“直”,由此便知它的同源詞“吉”(二字古音相近)也有“直”義不是偶然的了。《説文》“桔,一曰直木”,“頡,直項也”,“佶,正也”,正是它的詞義來源决定的。

“玄”的本義是懸掛的絲綫,便可將其引申、同源系統理整如下:

玄(懸絲)
- 懸(倒掛)
- 玄(高)——玄(深奥)
- —玄(絲色)
- 鉉(依《禮》説,以木横貫鼎耳而舉之)
- 牽(牽引的動作)

但是,漢語的詞語推源工作有時很難順利進行。這是因爲漢字不是拼音文字,加之我們所見材料的局限,對詞的本義往往無法確切地肯定,要想在一系列同源詞中確定哪個是根詞,更是非常困難,個别的甚至不可能做到。因此,在本源不定情况下的繫詞聯義工作也是非常重要的。例如:

“舟”、“周”、“州”同源。《説文·八下·舟部》“般”下曰:“从舟从殳,殳所以旋。”“服”下説:“一曰車右騑,所以舟旋。从舟𠬝聲。”可見古人對船的形象特點的認識,主要是以爲它在水中可以改變方向,任意旋轉。而《説文·七上·㫃部》“旋”下説:“周旋,旌旗之指麾也。”“周旋”就是“舟旋”,可見“周”與“舟”相通。“周”又有“周遶”、“周圍”

之義,也與“旋轉”義相通。《説文·十一下·川部》:“州,水中可居者曰州,周遶其旁,從重川。”可見“州”的得名也從水在旁周遶而來。盡管我們無法確定這三個詞中誰是根詞或另有根詞,但根據它們詞義特點的一致,完全可以將“舟”、“周”、“州”確定爲同源。這樣,我們便可以理解“舟”的另一個含義。《周禮·春官·司尊彝》:“六彝皆有舟。”鄭衆説:“舟,尊下臺。”即今天的承盤。所以叫“舟”,也是因爲它周遶在彝下而得名。

“襄”、“墒”、“壤”、“禳”、“攘”、“瓤”、“鑲”同源。“襄”是一種耕作方法,叫“解衣耕”。《説文·八上·衣部》:“襄,漢令解衣耕謂之襄。”所謂“解衣耕”,就是除去田地表面板結的乾土,露出濕潤的土地,然後耕作下種,再將乾土敲碎覆蓋。所以挖坑葬棺叫“襄事”。《左傳·定公十五年》:“葬定公,雨,不克襄事。”因爲這種葬法與解衣耕的程序是一樣的。土壤的“壤”和保墒的“墒”與解衣耕的關係是顯而易見的。又因解衣耕要除去表面的板結地皮,所以“襄”又有“除去”之義。《周書·謚法》“辟地爲襄”,“襄”指除草,“辟地”是開荒。《詩經·鄘風·墻有茨》:“墻有茨,不可襄也。”《毛傳》:“襄,除也”這個意義孳乳出“攘”字,當“推”講。“禳”字,一種旨在祝告除灾的祭祀。而除去表皮,便見内裏。因此,“鑲”(讀“汝羊切”ráng)是鑄鐵時的模型,翻砂時置於中間;後出的“瓤”則是瓜果中間的肉,都是“襄”的孳乳字。這樣,在繫聯這一系列音近義通的字詞時,我們不但找到了它們之間意義的關係,而且推斷出統帥這一系列意義的本源,即是當解衣耕講的“襄”:

襄(解衣耕)——
- 壤(田土)、墒(田土中的水分)
- 襄(除)——攘(推開)——禳(除灾之祭)
- 鑲(嵌入)——瓤(瓜果肉)

由此可見,光有查本求源而不進行繫詞聯義,詞義的探求工作必不能全面。黄季剛先生在論及訓詁中的聲訓時説:“故求文字之系統,既不離乎聲韵,而求文字之根源,又豈能離乎聲韵哉?求其系統者,求其演進之迹也。求其根源者,溯其原始之本也。一則順而推之,一則逆而鈎之,此其所以異也。”(見《訓詁學筆記》)這段話明確地闡述了“查”與“聯”這兩項工作的關係。

再説較同辨異。

詞與詞之間除了發生同源的關係外,在意義上還有其他的相互關係,那就是偶然的同義或近義,或由於時代關係詞義的轉移和變遷。因此,不論是從整個詞彙中認識個别的詞義,或是從歷史發展中認識不同階段的詞義,都需要運用比較的方法,在比較中見其同、辨其異。這樣做,可以避免由於孤立割裂而造成的粗疏與失誤。

(一)同義詞的比較。

同義詞指同源詞之外的意義偶然相同的詞。這些詞的個别義項之間或有近似之處,但歸根結蒂,詞義的特點是不相同的。《爾雅》、《廣雅》等書都做過歸納同訓詞的工作,同訓詞多半都是這種類型的同義詞。對這類詞如果不加分辨,便難以捉摸它們之間的差異。例如:

“基”和“落”。這兩個詞《爾雅》都訓“始”,并且都與古代的建築有關。推尋它們意義的來源,“基”源於“丌”,“丌”指墊在最下面的東西。“基”則是墊在最下面的基礎。

一切建築由打地基開始,所以“基”訓“始”。而“落”的詞義特點與“基”完全不同。“落”的本義是草木凋落,植物的種子與果實成熟而脱離草木叫落,胎兒生長成熟而脱離母體也叫落,所以“落”與“離”相通。植物的種子落下時,子囊要破裂。胎兒墮自母體時,衣胞要破裂。所以“落”又與“裂”通。就生物的生長過程來説,這是終,而就收穫物的存在來説,這又是始,所以“落”可以訓“始”。宫室建造成功也叫“落”。《左傳·昭公四年》:“叔孫爲孟鐘,曰:‘爾未際饗大夫以落之。’”杜注:“以豭猪血釁鐘曰落。”這種“落”是釁鐘,即用血涂抹鐘的裂縫以祭其成。《左傳·昭公七年》:“楚子成章華之臺,願與諸侯落之。”杜注:“宫室始成,祭之爲落。”《詩經·小雅·斯干》《毛傳》:“斯干,宣王考室也。”《鄭箋》:“考,成也……宣王於是築宫廟群寢既成而釁之,歌斯干之歌以落之,此之謂成室。”這兩處的“落”則是宫室建成後的祭祀儀式,也是用血涂抹裂處。“落”詞來源於“裂”。這個“落”是鐘鼎宫室初成的祭祀,就建造的過程説,它是“終”,就宫室的使用説,它又是“始”。所以,“基”與“落”雖然都訓“始”,考其具體内容,則並非同義,實則反義了。

“親”和“密”。兩詞都有關係切近的意思。所以《説文》訓“周”爲“密”,而《毛傳》訓“周”爲“至”,《説文》又訓“親”爲“至”。“周”、“至”、“親”、“密”輾轉互訓。“親”與“臻”相通,而“臻”可訓“密”。這都説明“親”與“密”是一對近義詞。但我們進一步分辨,便可見其相異之處。《禮記·祭義》:“其親也慤”,注:“親謂身親。”這個“親”指“親自”。《墨子·經上》“知:聞、説、親”,《經説》解釋説:“身觀焉,親也。"這個"身"指"自身"。可見"親"不是一般的密切,而是如同自己本身一樣地緊貼着。《説文·二下·足部》"跣,足親地也",是指脚直接踏在地上。再從"親"的同源系統看,棺材貼身之處叫櫬,貼身的衣服叫"襯衣"。在宗法社會裏,血緣關係被看作最重要的關係,所以同一血緣的人稱"親"屬。這一切都説明"親"的切近程度要遠遠大於"密"。

同義詞的比較方法可以有三種:第一種是推源法:推出本義和根詞,然後比較它們的詞義特點。辨别"基"與"落"的方法即此類。第二種是置换法:考察兩個以上的同義詞在哪些地方可以互换或互訓,哪些地方不能互换或互訓,以確定它們意義的同異。辨别"親"與"密"的方法屬此類。第三種是對舉法:用考察它們不同的反義詞來較其異。例如"貧"與"窮",在古代,前者指財貨的乏匱,與"富"相對;而後者指仕途的不順利,與"通"相對。以此辨析它們的區别,便是對舉法。這三種方法既可分别用,又可綜合用。

(二)古今詞義的比較。

探求古代文獻的詞義,很重要的一點,是比較古義與今義的差異。這不僅因爲用今義去附會古義對閲讀古書是十分危險的,容易歪曲原意,還因爲今義與古義之間存在着一個發展綫索,有着内在的(引申)或外在的(假借)聯繫。有了比較,我們纔可以既深入地理解古義,又準確地理解今義。這裏僅舉幾個雙音詞爲例:

"殷勤"。這個詞今天的意義是周到而熱情地待人,而在古代詞義却比較狹窄。司馬遷《報任少卿書》:"未嘗銜杯酒,接殷勤之餘歡。"以"杯酒"與"殷勤"對言。《三國志·

吴書·太史慈傳》:“贍恤殷勤,過於故舊。”以“贍恤”與“殷勤”連言。這些地方的“殷勤”都僅是請人喫飯或與人食物的意義的轉義。《説文·五下·食部》:“饐,秦人謂相謁而食麥曰饐饐。”今天的“殷勤”正是“饐饐”的音變義轉。因此,直以今義理解《報任少卿書》與《太史慈傳》的“殷勤”,便有失原義了。

“從容”。今天的“從容”當悠閒、舒緩講,用今義去理解古書中的某些用法便感困難。例如,《史記·魯仲連鄒陽列傳》:“世以鮑焦爲無從頌而死者,皆非也。”這裏的“從頌”即“從容”,而無悠閒、舒緩之義。《漢書·衡山王賜傳》:“日夜縱臾王謀反事。”《史記·淮南衡山王列傳》“縱臾”作“從容”,這裏更不會當悠閒、舒緩講。其實,“從容”的語源出自“須臾”。“須臾”有時間短暫之義,因而引申又有急迫之義,急迫正是舒緩的反訓。《説文·十四下·申部》:“臾,束縛捽抴爲臾。”“束縛捽抴”爲緊,緊與急義相通,可證“須臾”有急迫義。由急迫而引申爲勉强,勉强與自願相對。前面所説的兩處“從容”都作勉强别人去做本不願做的事講,不可用悠閒、舒緩義去附會。

古今詞義的不同,大致有兩個原因:一是由於詞義引申的運動而使同一詞的意義先後發生了變化。另一則是由於音變或文字假借的緣故而使同一字實際上記録了不同的詞,前後的意義自然便相距很遠。這兩種情況,都需要注意。

(三)古代書面語與口語的比較。

古書中的詞也是來源於當時的口語的,但是由於書寫形式的各種變化,加之文言文作爲書面語與口語脱節,又由於古今音變和方音變化,常使本來是同一個詞或同源之詞有了很大距離,有時甚至看不到什麽聯繫。這就需要我們通過比較弄清書面語和口語的關係。這樣做,既可以對口語的意義來源有所瞭解,又可以對古代文獻詞義認識得更具體、更生活化。例如:

"臼"即"掬"。《説文·臼部》:"臼,叉手也。"即用兩手承取。徐鉉音"居玉切"。而《詩經·小雅·常棣》:"原隰裒矣,兄弟求矣。""裒"字不見《説文》,蓋以"臼"得聲,讀唇音。如此則"臼"正是今天的"掬"。"裒"讀唇音今變作"捧"。

"豉"即"投","鏊"即"丢"。《説文·殳部》:"豉,繇擊也。""繇"即"遥"的假借字,"遥擊"就是往遠處扔,當是今天的"投"字。《説文·夲部》又有"鏊,引擊也",也是往遠處扔,徐鉉音"張流切",正是今天的"丢"。

"弄"即是"燈"。《説文·豆部》:"弄,禮器也。从廾持肉在豆上。讀若鐙同。""弄"是"豆"的後出字,本是盛食物和酒的祭器,後來盛膏(動物油脂)燃燒照明。"讀若鐙同",便是後來"燈"的來源。

"泥"即是"膩"。唐元稹《遣悲懷》詩:"泥他沽酒拔金釵",今天口語稱軟磨軟纏叫"膩",正是這個"泥"。又杜甫詩:"忽忽窮愁泥煞人。"這個"泥"也是"膩",俗説"膩味"。

"詾"就是"嘮叨"。《説文·言部》:"詾,往來言也。一曰,小兒未能正言也。一曰祝也。"或作誨。"往來言",即説過來説過去。"小兒未能正言",即嘴裏嗚嗚嚕嚕説不清楚。祝禱的特點也是反復申説,究其意義和聲音,"詾"後來發展出今天的連綿詞"嘮叨"、"絮絮叨叨"、"囉囉嗦嗦"。

從以上情況看,對書面語與口語,不但要比較它們之間的意義,而且更重要的是比較它們的聲音。如果僅僅意義近似而聲音相距很遠,又找不到變化的軌迹,便無由證明二者之間的關係了。

最後説尋形分字。

這個工作似乎是講文字,與詞義没有多大關係。其實不然,傳統訓詁學一貫把用字的問題看作訓詁中的一個重要問題。這個道理也很簡單。文字是記録語言的符號,字是詞的書面形式。本來,認字應當等於識詞。但是,由於文字與詞彙在本質上不是同樣的東西,所以,文字的發展除了要受語言發展的制約外,還有其自身發展的規律。漢字原是按表意原則造的,後來又逐漸具有了表音的趨勢,因此,在閱讀古代文獻時,常會碰到很多同詞異字和異詞同字的現象。當你想要憑藉字形來瞭解字義時,便會出現許多障礙。必須把同詞異字的不同形體按其音義統一起來,把異詞同字的相同形體按其音義分析開來,纔可以解決字與詞的矛盾,然後纔可能去做對詞義的探求工作。從這個意義上説,尋形分字倒是探求古代文獻詞義的起點。

這個工作有很多内容,但不外乎歸納和分析兩個方面。

(一)歸納。首先是歸納變易字。

變易字指同一音義造出的不同形體的字。它們雖然形體不同,聲音或有小變(由於方言或古今的音變),記録的却是同一個詞。這種字如不歸納到一起,便會把異字視爲異詞,干擾了對詞義的理解。變易字在任何一部字書裏都有表現。以《説文》爲例,除了許慎正式列出的重文外,還有一些並非重文的字屬變易字的。如:

"訝,相迎也",同"逆,迎也","迎,逢也"。

"迭,更迭也",同"遞,更易也"。

"遲,徐行也",同"徲,久也"。

"御(馭),使馬也",同"駕,(犃),馬在軛中"。

"踏,跛也",同"駁,馬行相及也"。

"馮,馬行疾也",同"颿,馬疾步也"。

"干,犯也",同"乾,上出也"。

"譣,問也",同"讖,驗也","籤,驗也"。

"丩,相糾繚也",同"糾,繩三合也"。

"隸,及也",同"逮,唐逮,及也"。

"邇,近也",同"邌,近也"。

"龔,給也",同"具,共置也","供,設也"。

"共,同也",同"俱,偕也"。

"付,與也",同"奉,承也","叉,物落上下相付也"。

"寽,五指持也",同"捋,取易也"。

"殆,枯也",同"枯,槁也"。

"橈,曲木",同"柔,木曲直也"。

"療,治也",同"藥,治病艸"。

"辺,古之遒人以木鐸記詩言",同"記,疏也"。

變易字雖是異字同詞,但在不同的時代又有分化爲不同詞的。這種情況在《説文》裏也有反映,如:

"常"與"裳"本是重文,後來分化爲兩個詞。

"中"與"艸"本是一個字,後來在作部首時有了分工。

"八"與"分"本是一個字,後來在常用義上有了分化。

以上這些字既需歸納,又需分析,非弄得清清楚楚不可。

第二是統一字書與經典的不同字形。

字書的字形與經典的習用字形往往不一致,這種異體字也需加以對照,才能利用字書的説解來瞭解經典的詞義。例如:

《説文》"鞜",《禮記》作"靳"。
《説文》"檛",《史記》作"輠"。
《説文》"帟",《周禮》作"幎"。
《説文》"杠",《爾雅》作"栱"。
《説文》"胥",《左傳》作"抶"。
《説文》"賣",一般經書寫作"價"。
《説文》"僅",《公羊傳》作"慬"。
《説文》"佻",《詩經》作"挑"。

這些異體字的另一個作用,是根據表達同一個詞的不同字形取得多方面的考義考音材料。

第三是統一所謂"正字"與"俗字"。

"正字"與"俗字"的區別,是後來人篤信《説文》輕視民間用字而立的界限。其實,不論就文字的發展或就文字的約定俗成性質來説,"俗字"也有其重要作用。對於閱讀古代文獻説來,統一所謂的"正字"與"俗字",對理解詞義可以帶來很多方便。仍以《説文》爲例:

《説文》的"嫷",俗作"妥"。
《説文》的"瞑",俗作"眠"。
《説文》的"裵",俗作"徘"。
《説文》的"臼",俗作"掬"。

《説文》的“蠆”，俗作“蟀”。

《説文》的“縣”，俗作“懸”。

《説文》的“冖”，俗作“冪”。

……

以上三項都屬同詞異字現象，需要歸納和統一。

（二）分析。主要是析别假借字。

這裏指的假借字，是意義毫不相關的同音借用字。這種字所用的意義與所出的形體毫不相關，如不將它分别出來，而以借字之義來理解文意，便會産生很大的錯誤。析别假借字，傳統訓詁學叫作“破字”，就是將形義統一的本字找到，使異詞同字化爲異詞異字，以便準確地探求到特定語言環境中的詞義。這就是説，要想識詞，必須分字（分别本字與假借字），而要想分字，先要尋形（尋找與詞義統一的形體）。例如：

《論語·陽貨》：“色厲而内荏”。“荏”是一種植物，與“内荏”義無關。這個“荏”應寫《説文·心部》的“恁”字，訓“下齎也”。《周禮·天官》鄭玄注：“齎、資同耳。”“下齎”就是“下資”，也就是才能低下，没有本事。“色厲而内恁”，意思是外部表情嚴厲而内心空虚無能。

《莊子·養生主》：“緣督以爲經”，郭注：“順中以爲常也。”“督”字在這裏無法解釋。朱駿聲説“督”是“裻”的假借。《説文·八上·衣部》：“裻，一曰背縫。”黄季剛先生以爲是“祷”的借字。《衣部》：“祷，衣躬縫。从衣毒聲。讀若督。”《説文》的“讀若”多半是經典的習用字，因此以“祷”爲“緣督”的“督”的本字，較爲可信。

《詩經·小旻》：“不敢馮河。”“馮”的本義是“馬行疾”，此處解釋不通。“馮”在此處應是“淜”的借字。《説文·十一上·水部》:“淜,無舟渡河也。”“不敢淜河”意爲不敢没有運載工具而冒然過河。

《孟子》言“自暴自棄”,《荀子》言“怠慢僄棄”。“暴棄”與“僄棄”都當抛棄講,正字當作“受”。

《説文·受部》:“受,物落上下相付也。从爪从又。讀若《詩》‘摽有梅’。”可見“受”是“暴”、“摽”的正字。後出字作“抛”。

尋求本字不但對深入瞭解詞義有很大的作用,而且還有利於繫聯同源字。這裏只舉一例:

《説文·言部》:“讖,驗也。”《竹部》:“籤,驗也。”而“驗”是馬名,無法解釋“讖”、“籤”二字。段玉裁指出,在這兩個訓詁裏,“驗”是借字,正字應是“譣”。《言部》:“譣,問也。”“問”的詞義特點是在疑難之中尋求某種答案。所以,“考驗”、“檢驗”、“應驗”、“試驗”等的正字都應是“譣”,而“讖”與“籤”都當“問”講,其義自明。從音義考察,“譣”、“讖”、“籤”是同源字,也一目瞭然了。

需要説明的是,漢字在造字時就有了“本無其字,依聲託事”的情況,所以,所謂“本字”,不過是指形義統一之字,並非指記録這個詞的最早字形。有些“本字”反而是後出的。例如“政治”的“政”,最早的記録符號應是“正”。而“政”的形義雖統一,却是後來分化出的孳乳字。又如“完畢”的“畢”,是最早的記録符號,而形義統一的“斁”,則是後來新造的音借後出字。在用字、寫字時,我們應當用約定俗成的觀點,不必提倡寫本字。例如,“畢”

通行,則不應提倡寫不通行的"斁"字。但通訓詁時,明確本字對分析詞義是絶對必要的,不可一概反對求本字的作法。因爲如果尋形不當,分字不清,不但會影響對這一個詞的意義的瞭解,而且還會誤把假借義當成引申義繫聯到引申義列中去,或把借字誤作本字繫聯到同源系統裏去。這樣就會魚目混珠,造成對一系列詞義的誤解。

在分字工作中,還應把訛字——即傳鈔錯誤的字分出,不要生硬地以訛爲正,强作解釋。這雖與訓詁也有密切關係,但一般應屬校勘範疇,這裏就不多説了。

以上四種工作——查、聯、辨、分,是互相聯繫着的。在探求詞義時,查不準就聯不上,分不清就辨不明,而聯不上、辨不明就不能貫通。只有運用形、音、義統一的訓詁方法[1],完成這四種工作,把形、音、義聯繫在一起,再顧及形、音、義本身的發展,使詞義的探求明晰而系統,才算達到了前人提出的高標準——"通"。

上面談到的問題,是以《説文解字》爲主要工具書來討論的。《説文解字》是一部文獻語言學的專著,它雖被稱爲字書,却對探求文獻詞義有着獨特的作用。探求詞義的工具書當然不只是《説文解字》,但不論運用哪種辭典、字書,都不能僅僅一查了事,要想精深而準確地瞭解詞義,都要作上面四種工作。想要圖省事,僅僅鈔録辭書的條目,於簡單的問題,尚能立即奏效;而一遇稍複雜的問題,就難免"欲速則不達"了。

---

① 形、音、義統一的訓詁方法,指以形索義的方法,因聲求義的方和比較互證的方法。對這三個方法詳細原理的説明,請看我們所寫的《訓詁方法論》一書。

# 説"祭"字

"祭"字的本義應是"殘殺"。《大戴禮記·夏小正》、《禮記·月令》皆曰"獺祭魚"、"豺祭獸"、"鷹祭鳥"。"祭"就是"殺"。以獺爲例,獺性殘,食魚往往只吃一兩口就拋掉,捕魚能力又强,所以每食必拋掉許多吃剩的魚。人們稱堆砌故實爲"獺祭",即取堆積殘餘之物之意。甲骨"祭"字作[illegible]、[illegible]、[illegible],其字多不從"示",只象以手持肉之形。説甲骨者以爲[illegible]等點形爲酒,其實是象血滴。"祭"字正是血淋淋持生肉而食的狀態。古代祭祀必以生肉,只有祭宗廟才以鼎俎。例如《左傳·莊公六年》記楚將滅鄧之事。三甥勸鄧侯殺掉楚文王,鄧侯不允,理由是"人將不食吾餘"。三甥説:"若不從三臣,抑社稷實不血食,而君焉取餘?"血食正是説祭祀祖先之禮。"社稷實不血食"就是亡國的意思。血食是用生肉行祭,可見祭就要進行殘殺。在氏族社會和奴隸社會都有用俘虜或奴隸行祭的事實,當時把奴隸和牲畜同樣看待。祭必用牲,祭和薦是有區别的。《穀梁傳·桓公八年》:"己卯烝。"注:"無牲而祭曰薦,薦而加牲曰祭。"

"祭"訓"殘殺",與"殘"字同源。所謂"殘餘",即殘殺之餘。《説文·四下·歺部》:"殂,禽獸所食餘也。"這就是"殘餘"的"殘"的正字。而《五下·食部》:"餐,吞也。"吞是生吞,就是吃生的。餐與飧有别,《左傳·昭公五年》:"飧有陪鼎。"注:"熟食曰飧。""餐"也有殘餘的意思,古代王公大臣把皇帝賜餐看作是一種很高的恩寵，賜餐就是皇帝把自己吃剩下的飯菜賞賜給王公大臣。而“殘”訓“賊”，也是殘殺的意思。所以“祭”、“殘”、“㱚”、“餐”意義相通，而從聲音看，“殘”、“㱚”、“餐”均在“寒”韵，而“祭”則在“曷”韵，“曷”、“寒”對轉，所以，它們都是同源字。

“祭”以“殘殺”爲本義的另一個證明是，从“祭”之字多有“殺”義。如“蔡”：

《左傳·昭公元年》：“周公殺管叔而蔡蔡叔。”杜注：“上蔡字从殺下米。”

《書·禹貢》：“二百里蔡。”鄭注：“蔡之言殺。”

“祭”有時也讀如蔡。祭仲之祭即讀“側界切”（zhài）。《說文·四下·丯部》：“丯，艸蔡也。象艸生之散亂也。”“害”從“丯”而與“割”義相通，知“蔡”與“丯”、“害”、“割”都同源而有“殺”義。

又如：“幓”从“祭”，訓“殘帛”。

再如：“察”字也从“祭”而訓“覆”，又訓“審”，就是仔細地去尋其隙漏，也就是現代口語裏說的“找碴兒”，也與“殘”義相通。

還有“際”从“祭”，訓“壁會”，也就是兩墻相接之處，相接當有隙漏，也是“殘”義的引申。

綜上所述，从“祭”之字義多與“殘殺”有關，知“殘殺”是“祭”的本義，“祭祀”是後起的引申義。

# “中”字形義釋

“中”的字形可從“用”字見之。《説文・三下・用部》:“[illegible],可施行也。从卜从中,衛宏説。”“[illegible],古文用。”從“用”字可以推測“中”的字形應是[illegible]或[illegible],與[illegible]形相近,象以韋編的策書。所以前人早已提出“中”字的本義是書册:

> 江永《周禮疑義舉要》:“凡官府簿書謂之中。故諸官言‘治中’、‘受中’。小司寇斷庶民獄訟之中,皆謂簿書,猶今之案卷也。此中字之本義。故掌文書者謂之史,其字从又从中。”

章太炎先生廣徵文獻,證實了江永之説:“治中”。見《周禮》:

> 《周禮・春官・天府》:“鄉州及都鄙之治中,受而藏之。”鄭衆注:“治中謂其治職簿書之要。”《周禮注疏》:“治職簿書之要者,謂各有職掌皆司有文書案簿書功狀之要,故據而告王也。”

這就是説,鄉州都鄙的機要文書案卷要送給天府收存,以告於王而考察群吏之治。《荀子》也説過“天府之治中”,其《大略篇》説:“先王之道則堯舜已;六貳之博則天府已。”“博”就是“簿”,六是六官,貳是副本。他的意思是説,效法先王,只法堯舜即可;考稽六官副本的簿書,只看天府的治中即可。漢代官職中還有治中大夫,其職守是掌管内府的政治文册,後來官名改爲主簿。

所以“中”即文册。

“登中”。見《周禮》:

> 《周禮·秋官·小司寇》:“以三刺斷庶民獄訟之中。”“歲終,則令群士計獄、弊、訟登中于天府。”

“獄”是打官司。《詩經·召南·行露》:“何以速我獄”,毛傳:“速,召;獄,埆也。”盧植説:“埆,相質觳争訟者。”所以“獄”是核實道理之名。《周禮正義》説:“訟謂以財貨相告者,獄謂相告以罪名。”所謂的“獄、斃、訟登中于天府”,就是説把獄、斃、訟三者的案件登在天府的登記册上。“中”即册。

“升中”。見《禮記》:

> 《禮記·禮器》:“因名山升中于天。”

這是説古代在大山上舉行禋祀。這種祭祀的主祭人是部落的大首領,祭祀的方法是在高山上燒柴,柴上置玉帛,以假煙氣上升而達其誠。“中”是祭天的文册。

“鬼中”。見《國語》:

> 《國語·楚語》:“余左執鬼中,右執殤宫。”韋昭注:“中,身也。《禮記》曰:‘其中退然’,夭死曰殤。殤宫,殤之居也。執謂把其録籍,制服其身,知其居處,若今世云能使殤矣。”

其實“中”即韋氏所説的“録籍”,即後世所謂録鬼簿。“中”字不應訓“身”。

“執中”。見《論語》:

> 《論語·堯曰》:“咨,爾舜,天之歷數在爾躬,允執

厥中。”

“執中”就是執圖籍。

以上文獻用語,皆可證“中”即簿書。漢以來稱書一帙爲一通,“通”即“中”。“史”是記事之官,从又持中,即手執簡簿。

《説文》“中”訓“内”,指藏之於府的重要圖書,所以劉向《戰國策·叙録》説:“所校中戰國策書。”又説:“中書餘卷。”可知保存重要圖書的地方也叫“中”。“中”即爲納藏之文書,音義與“韜”、“弢”通。“韜”是劍套,“弢”是弓矢套。《莊子》説有“金版六弢”,今本作“六韜”,相傳是吕望所著。“六弢(韜)”即六種書,蓋中秘書謂之韜,亦謂之中。引申凡是用囊、袋、帙、套裝起來的都叫“韜”。

何以“中”字現在不訓書册之義?這個問題章太炎先生的解釋最爲得當。他認爲:《匡謬正俗》引古艷歌説:“蘭草自生香,生於大道傍,十月鈎簾起,並在束薪中。”“中”讀知當反(音zhàng),當“中央”講。可見漢魏時“中”已讀“唐”韵字。後世“中”爲“簿書”之義保持了這個讀音,呼爲“帳”(后來又分化出“賬”字)。而漢代不稱“帳”而稱“計”:《漢書·朱買臣傳》的“上計吏”即給皇帝報帳的官吏。又《漢書·武帝紀》:“受計於甘泉。”顔師古注:“若今之諸州計帳。”而“中”轉爲“帳”始見《隋書》:

> 《隋書·百官志·後齊尚書諸曹》:“殿中掌駕行百官留守名帳,倉部掌諸倉帳出入等事,左户掌天下計帳、户籍等事,金部掌權衡量度、外内諸庫藏文帳等事。”

此“帳”字始見。後來有“賬”字,乃“帳”的後出字。

但語音的變化不是突然形成的。考古代已有“中”讀“唐”韵的因素。《禮記·鄉飲酒義》:“中者臧也。”這是聲訓。《素問·陰陽類論》:“五中所主。”王冰解“五中”爲“五臧”。“臧”即“藏”,“藏”有“内”的意思,所以腹臟的“臟”即“中”字之變。因此,佛家的内部書籍叫“藏”,“三藏”即三種藏書,故有“釋臧”、“道臧”之名。《詩經》“抑鬯弓忌”,以“鬯”爲“韔”的借字。《毛傳》説“鬯弓,弢弓。”“弢”、“韜”與“韔”也是同源字。

“中”訓“内”,“内”即“入”字,所以有“射中”、“中的”之義,也就是箭入於内。《禮記·射義》:“持弓矢審固然後可以言中。”(這裏的“中”讀去聲)“中傷”、“中用”的“中”都是“射中”的“中”引申。

“中”的常用義爲“中央”、“中間”,正是“内”義的引申,又孳乳爲“衷”。《左傳·昭公六年》:“楚辟我衷。”“衷”即“中”。《説文·八上·衣部》:“衷,裏褻衣也。”即襯裏的内衣。

# “劉”字的本義與避諱

“劉”是中國的一個大姓。從中國的歷史考察,劉作姓氏最初有兩支:一支是姬姓之後。《左傳・桓公十一年》:“王取鄔劉蔿邘之田於鄭。”鄔劉是周成王時王季子的封邑,因此是姬姓之劉氏。另一支是祁姓之後,《左傳・昭公二十九年》:“陶唐氏既衰,其後有劉累。”陶唐氏即唐堯,姓祁,劉累即祁姓之劉氏。漢代的帝王姓劉,《史記索隱》和《唐書》都認爲是晉國士會的子孫以後到秦國去的。士會是夏代孔甲臣劉累的後代,所以,漢的劉姓應屬陶唐氏祁姓之後。

至於“劉”的字形,《漢書・王莽傳》有“劉之爲字卯金刀也”之説,可見它的繁體字形“劉”早就有了。《説文解字》有“瀏”、“鎦”二篆,均從“劉”得聲,但遍查《説文》全書却没有“劉”篆。想要弄清這個問題,需從“劉”的字義説起。

《爾雅・釋詁》、《方言》都訓“劉”爲“殺”,這是有先秦文獻爲根據的:

> 《書・盤庚》:“重我民,無盡劉。”注:“劉,殺也。”
>
> 《書・君奭》:“後暨武王,誕將天威,咸劉厥敵。”注:“劉,殺也。”
>
> 《逸周書・世俘解》:“咸劉商王紂。”注:“劉,克也。”

這個意義在《左傳》裏仍然應用。《成公十三年》“虔劉我邊陲”,“劉”與“虔”連用,都當“殺”講。

“劉”的同源字多半都有殺戮之義。如,“劉”與“戮”雙聲,同在“蕭”韵,二字同源,“戮”也訓“殺”。“貍”與“劉”雙聲,“蕭”與“咍”韵近,兩字也同源。貍是一種善殺之獸。《周禮·射人》:“則以貍步張三侯。”注説:“貍,善博者也。”所以“貍”引申也有“殺”義。《論語讖》:“徐衍負石,伐子自貍。”宋均注:“貍猶殺也。”依《左傳》“劉累”爲陶唐氏之後,而《國語》説“丹朱貍姓。”可見“貍”訓“殺也”,就是“劉”。從“劉”的同源系統,又進步一證明“殺”是“劉”的基本詞義。

“劉”是漢朝帝王之姓,正是當朝的避諱,而“劉”的詞義是“殺”,是個凶義,許慎不便直言,便把它的正篆改成“鎦”字。《説文·十四上·金部》:“鎦,殺也。”徐鍇説:“疑此即‘劉’字也。从金从卯,刀字屈曲,傳寫誤作田。”這個説法前一半是對的,後一半不得要領,“刀”誤爲“田”的可能很小,又無先例,許慎改“刀”爲“田”,正可將“劉”篆从“刀”而有“殺”義這一點隱去,是因爲避諱。漢以前文獻没有用“鎦”字的,這是許慎臨時自造的字。

漢代諱“劉”,不只表現在字形上,而且反映在聲音上。漢代讀“劉”不爲“蕭”韵而爲“侯”韵,《漢書·婁敬傳》説“婁者,劉也。”漢時有“貙劉”之祭,而寫作“貙膢”,或作“貙褸”,《説文》説:“楚俗以二月祭飲食也。……一曰,祈穀食新曰離膢。”這種祭祀也是因殺牲而得名的。“膢”即“劉”,也訓“殺”。可見漢代“劉”讀“侯”韵作“婁”。

避諱影響訓詁,此爲一例。

# 談“局”的本義

> 《説文·二上·口部》:“局,促也。从口在尺下復局之。一曰博所以行棋。象形。”

怎樣理解“局”的本義?徐鍇解釋説:“人之無涯者唯口,故口在尺下則爲局。博局外有垠堮周限也。”他認爲《説文》列出的兩個意義是統一的,都統一在界限、限制這個詞義特點上。段玉裁解釋第一個意義説:“尺所以指斥規矩事也。口在尺下,三緘其口之意。”——這與徐鍇的説法一致。但對第二個意義,段玉裁却説:“博當作簙。簙局戲也。六箸十二棋。局之字象其形。此别一義。”——他認爲“促”義和“博所以行棋”之義没有什麽聯繫,這一點又與徐鍇之説相逕庭。

探討“局”的本義,除了要將它的形與義統一起來以外,更重要的還要看這個意義能否統帥“局”的其他引申義。徐、段之説雖在一定程度上説出了“局”的詞義特點,但他們並没把“局”的本義開掘得明白。而段説尤爲含糊。

其實,“局”的本義是“行棋”。棋盤是按一定的規矩尺寸畫成有組織的方格,从“尺”表示棋盤的規格,“口”是聲符,“局”在“屋”韵,“口”在“侯”韵,兩韵對轉。所以,這是一個形聲字。

棋盤被有規則的用綫分割,所以“局”引申有“部分”義。如:

> 《禮記·曲禮》:“左右有局,各司其局。”鄭玄注:“局,部分也。”《禮記正義》:“軍之在左右各有部分不相濫也。”

《左傳·成公十六年》:“(欒)鍼曰:‘書退,國有大任,焉得專之。且侵官,冒也;失官,慢也;離局,姦也。有三罪焉,不可犯也。’乃掀公以出於淖。”杜預注:“遠其部曲爲離局。”

《大戴禮記·四代》:“位以充局,局以規勸。”

第一段話是説君行師從時,前後左右都要有組織按部分地進退有度。第二段話裏,“局”是部曲,欒鍼認爲他父親離開自己掌管的那一部分軍隊而去載晋侯是錯誤的。在第三段話裏,“局”是部分,意思是説要按各部分的工作安排其地位,也要按其職掌的部分來規勸功效。“局”是有組織中的一個部分,所以引申爲大機構下的小單位叫“局”,取某一部門之義。

“局”與“曲”都在“屋”韵,常互相通用,“局”有“曲”義,“曲”也有“局”義。“局背”就是“曲背”。《方言·五》:“所以行棋謂之局,或謂之曲道。”這裏所説的“局”是棋盤,也叫“曲道”,字或寫作“梮”。《廣雅·釋器》:“曲道,梮也。”在古代文獻裏,“曲”、“局”互用的情况很多。如:

《詩經·小雅·正月》:“謂天蓋高,不敢不局。”毛傳:“局,曲也。”

《莊子·秋水》:“曲士不可以語於道者。”《經典釋文》引司馬注:“曲士,鄉曲之士也。”

《莊子·胠篋》:“治邑屋州閭鄉曲者。”《經典釋文》:“五州爲鄉,萬二千五百家也。”

《正月》的意思是説,天雖高而有雷霆,不敢不彎曲身體以敬之。而《莊子》所謂的“曲”或“鄉曲”,是按照一定的組織而居住的所在,是一個區劃,也是整體的一個部分。

"局"或"曲"由"棋盤"、"行棋"之義引申而有"法則"、"規律"之義。如:

> 《禮記·文王世子》:"曲藝皆誓之。"鄭玄注:"曲藝爲小技能也。"

所以名之爲"曲藝"者,也是由於技能必定有一定法則。

> 《荀子·正論》:"子宋子嚴然而好説,聚人徒,立師學,成文曲。"

王念孫以爲"文曲"爲"文典"之誤,這個説法是不正確的。《荀子·非十二子》也説"終日言成文曲",可見"曲"不是錯字。"文曲"就是文章,文章是分成段落的,又是按一定的思路把段落組織到一起的,所以可以稱"曲"。後來的歌曲也是一種有節奏的音樂段落。這些意義都與"局"同。

"局"字又與"句"、"區"同源。《説文·三上·句部》:"句,曲也。从口丩聲。""句"有兩讀,一讀九遇切(jú),即章句之句;一讀古侯切(gōu),則與"曲"義相通。如"局背"的"局",《説文》作"痀",《七下·疒部》:"痀,曲脊也。"又作"耇"。《八上·老部》"耇"訓"老人面凍黎若垢",其實應訓"老人背傴僂也。"段玉裁説:"凡从句之字皆有曲意。"説法是對的,例如:

> 《三上·句部》:"笱,曲竹捕魚笱也。"
>
> 《四上·羽部》:"翑,羽曲也。"
>
> 《四上·隹部》:"雊,雄雉鳴也。雷始動,雉鳴而雊其頸。"
>
> 《四下·肉部》:"朐,脯挺也。"

《四下・刀部》:“鉤,鎌也。”

《十四上・車部》:“軥,軶下曲者。”

“笱”是一種捕魚器,《爾雅・釋器》:“嫠婦之笱謂之罶。”這種捕魚器彎脖,曲竹而爲之,从“句”聲。“雊”訓“雄雉鳴”,因雉鳴的姿勢是鼓翼而曲頸,所以从“句”聲。“鉤”即鐮刀,形彎曲而从“句”聲。而“朐”訓“脯挺”,脯是乾肉,每一脯長尺二寸,謂之一膱。每膱必有曲屈處,屈處叫“朐”。段玉裁説:“朐引申爲凡屈曲之稱。《十三州志》曰:其地下溼,多朐忍蟲,因名。朐忍蟲即丘蚓,今俗云曲蟺也。”可見“朐”與“曲”義通。

“局”與“區”聲音相轉(“區”在“侯”韵)。《説文・十二下・匸部》:“區,踦區藏匿也。”即彎着身子藏匿,也有“曲”義。而人之身體因能直能曲而稱“軀體”。同時“區”又有“區分”、“區劃”義,與“局”義通。

“局”引申又有“限制”義,“局限”即此,而“拘束”的“拘”,也是“局”的派生詞,義與“限制”義近。

從“局”的引申系列和同源系列看,《説文》所列的第二個意義“博棋”倒是它的本義,這一點是證實無誤的。

# 釋“皇”

《説文・一上・王部》:“皇,大也。从自。自,始也。始皇者,三皇大君也。自讀若鼻。今俗以始生子爲鼻子。”其説認爲“皇”從“自”從“王”會意,本義爲君皇之義。這個説法很早就有人提出懷疑。鼎彝銘識大量出土後,“皇”的字形有了更多可考的依據,更加動摇了《説文》的説法。

近人汪榮寶提出:“始皇大君之語,乃秦人變更古文以後俗學之謬,未可以爲造字之本旨也。”依汪榮寶的説法,“始皇大君”並非“皇”的本義,而是秦以後的引申義。

且看“皇”的金文字形:

:毛公鼎、函皇父鼎、善夫克鼎、都公盂、頌鼎、仲𠭯父敦、叔皮夫敦、……

:虢叔編鐘、杜伯簋、……

:豐公敦、王孫鐘、……

:伯和尊、追敦、周公華鐘、……從這些形體中,可以明顯看出“皇”字從筆意到筆勢的變化,《説文》所出篆文字形,已經完全勢化,不再能反映最初的造字意圖了。

從“皇”字最初的字形看,其字上作,絶非“自”字,下作土或,也非“王”字。古文“王”多作,與土形迥別。汪榮寶舉《禮記・王制》及鄭玄注説明“皇”的本義:

《禮記・王制》:“有虞氏皇而祭,深衣而養老。夏后氏

> 收而祭，燕衣而養老。殷人冔而祭，縞衣而養老。周人冕而祭，玄衣而養老。”鄭玄注：“皇，冕屬也，畫羽飾焉。”

可見“皇”爲舜時宗廟之冠，與夏之收、殷之冔、周之冕同類。“皇”的字形⊖○象冠絭，||| ||||象冠飾，土[字形]象其架，與[字形]下之土象燈架意同。

《説文》所收“皇”字本篆的字形雖然已是筆勢，但從其他字形中仍可旁證“皇”的筆意：

> 《説文·八下·皃部》：“[字形]，冕也。周曰覍，殷曰吁，夏曰收。从皃，象形。”“[字形]，籀文覍，从廾，上象形。”

由此可證[字形]、[字形]皆象冠形。

> 《説文·三上·古部》：“古，故也。从十口。識前言者也”“[字形]，古文古。”

“古”的古文字形正从“宀”、从“十”、从“口”、从“皇”。汪榮寶釋古文此形説：“蓋三皇無文冣其事，十口所傳者而識之，所以爲古。”

“皇”與“翌”在文獻中常常通用。《説文·四上·羽部》：“翌，樂舞以羽翿自翳其首，以祀星辰也。从羽王聲。讀若皇。”《説文》的“讀若”皆經典通行之字，可見“翌”常寫作“皇”。“翌”與“皇”雖同音，但並非一物：

> 《周禮·春官·樂師》：“凡舞，有帗舞，有羽舞，有皇舞，有旄舞，有干舞，有人舞。”鄭衆注：“皇（翌）舞者，以羽冒覆頭上，衣飾翡翠之羽。”又曰：“翌讀爲皇。”鄭玄説：“故書皇作翌。”

這裏的“皇”是“翌”的借字。其實，“皇”是主祭者之冠冕，“翌”

是巫者之花環,雖皆爲頭上之物,却不可混淆。

弄清"皇"的本義,便可明瞭它的引申義的由來。"皇"有"光明"、"美"義,都是由主祭者之冠的形狀華麗引申而來:

《廣雅·釋詁一》:"皇,美也。"

《爾雅·釋詁》:"皇皇,美也。"

《爾雅·釋言》:"華,皇也。"

"皇"有"大"、"君"義,則是由主祭者的崇高身份引申而來:

《廣雅·釋詁一》:"皇,大也。"

《爾雅·釋詁》:"皇,君也。"

凡冠紊之物,皆有由上覆下之義。例如冖、冃、冃本爲同字,皆有覆義。屋頂與冠紊同爲上覆下之物,也有覆義。如《説文·七下·襾部》:"襾,覆也",後出字作"厦"。"皇"爲"冠",引申而有"屋頂"義是不奇怪的:

《漢書·胡建傳》:"列坐堂皇上。"顏師古注:"室無四壁曰皇。"

《莊子·知北游》:"無門無房,四達之皇皇也。"

"皇"或作"廣":

《漢書·郊祀志》;"大朱涂廣,夷石爲堂。"

"廣"即"皇"的借字,指屋頂。"大朱涂廣"是以丹朱涂屋頂,"夷石爲堂"是以平石作堂基。

《説文》:"堂,殿也。""堂皇"合成疊韵聯緜詞,義爲富麗高大之貌。因"冠冕"本爲高貴者之飾,引申而有"高貴"之義,所以俗以"冠冕堂皇"形容表面之高大榮貴,其來源也就更爲清楚了。

# “骯髒”解

《紅樓夢》第五回第七支曲《世難容》,全文如下:

“氣質美如蘭,才華馥比仙,天生成孤僻,人皆罕。你道是啖肉食腥膻,視綺羅俗厭。却不知,大高人愈妒,過潔世同嫌。可嘆這青燈古殿人將老,辜負了紅粉朱樓春色闌。到頭來依舊是風塵骯髒違心願。好一似,無瑕白玉遭泥陷。”

在這支曲子裏,“風塵骯髒違心願”怎麼講?有人按今天的詞義把“骯髒”講成“不乾净”,全句解釋成“社會環境是不潔的,以至到頭來還是違背了她的志向”,這個講法究屬牽强,不够準確。

解决這個問題,還要從“骯髒”的語源查起。《説文・十一上・水部》:“濶,海岱之間謂相污曰濶。”《方言・三》:“氾、浼、濶、洼,洿也。東齊海岱之間或曰浼,或曰濶。”《方言》與《説文》的説法相同。又《説文・水部》:“濽,污灑也。”“污灑”就是潑上了髒水。“濽”即今“濺”字,與“腌,漬肉也”、“瀸,漬也”都是同源字。“腌”、“瀸”的意思是“浸漬”,文獻都寫作“淹”:

《禮記・儒行》:“淹之以樂好。”注:“淹謂浸漬之。”

《楚辭・離世》:“淹芳芷於腐井兮。”注:“淹,漬也。”

《淮南子・脩務訓》:“淹浸漬漸,靡使然也。”

“浸漬”就是被别的液體滲入,原義不一定是不乾净的東西滲入,後來發展成不净或不純的東西滲入。“污灑”當然是不潔之水濺灑。總之,“瓚”、“瀸”、“腌”(“淹”)等字義相通,又與“潤”音近義通。

從“潤”、“瓚”發展出連綿詞“腌臢”(“瓚”,文字受“腌”的同化而寫“肉”旁)。《漢書・霍去病傳》注有“鏖糟”:

《漢書・霍去病傳》:“轉戰六日,過焉支山千有餘里。合短兵鏖皋蘭下。”晋灼曰:“世俗謂盡死殺人爲鏖糟。”顔師古曰:“鏖字本從金麀聲,轉寫訛耳。鏖謂苦擊而多殺也。”

所謂“盡死殺人”或“苦擊而多殺”,實指屍體狼藉、血肉模糊,其實與“腌臢”爲音變字變。翟灝《通俗編》引宋代劉攽《中山詩話》作“厭瓚”,並説:“世謂事之陳久爲瓚”。“厭瓚”也就是“腌臢”,以後變作“骯髒”、“齷齪”,都是疊韵連綿詞。

“腌臢”或“骯髒”的原始意義是“污灑”、“污染”,即被不乾净的東西所沾染,是動詞,後來才發展出形容詞的“不潔”之義。“風塵骯髒違心願”的“骯髒”正是取它動詞的意義,説的是妙玉雖然拋棄紅粉朱樓,寂寞青燈古殿,以高潔自許,怎奈未脱離塵世,終被人間塵埃所污染,與末句“無瑕白玉遭泥陷”的意思正銜接。

# 談“撥亂反正”

有人問:成語“撥亂反正”的“撥”怎麽講?

“撥亂反正”一語,來自《公羊傳·哀公十四年》:“撥亂世,反諸正。”何休注:“撥猶治也。”段玉裁説:“撥之本意非治,撥之所以爲治也。”依何休的解釋,“撥亂反正”的意思是“治理亂世,使社會恢復正常秩序”。依段玉裁的理解,“撥”没有“治理”這一詞義,但是“撥”的行爲,可以達到治理的目的。那麽“撥”應當怎麽講呢?

《説文·二上·癶部》:“癹(bo),以足蹋夷草。从癶,从殳。春秋傳曰:‘癹夷蕰崇之。’”《説文》所引春秋傳,即《左傳·隱公六年》文:

> 《左傳·隱公六年》:“爲國家者,見惡如農夫之務去草焉,芟夷蕰崇之,絶其本根,勿使能殖,則善者信矣。”

《左傳》作“芟(shān)夷”,許慎引作“癹夷”。“芟”訓“刈草”,鄭玄《周禮》注説:“以鈎鐮迫地芟之也。”《國語·齊語》有“耒、耜、枷、芟”,韋昭説:“芟,大鐮也。”可見“芟”是一種收割的動作,就是齊地將莊稼截斷,引申爲收割的農具。而“癹”是將草連根撥除,從“癶”,是人的兩脚,撥草後用脚踢去泥土。《左傳》既講“絶其本根”,則“芟”義與此不合,應是“癹”字,許慎所引是對的。“癹”就是古“撥”字。《説文·一下·草部》“茇”下説:“春草根枯,引之而發土爲撥。”可證“癹”、“撥”是一字。連根撥除,方能徹底除草,所以《廣雅·釋詁》説:“撥,除也。”又説:“撥,絶也。”“撥亂”是以除草比喻治亂。於草,徹底除根爲絶;於亂,徹底除根爲治,所以何休注“撥”爲“治”。“撥亂反正”指徹底根絶亂政,使社會恢復正常秩序。

# “備行伍”解

司馬遷《報任安書》中有一句話是:“外之又不能備行伍,攻城野戰,有斬將搴旗之功。”對於“備”字,《漢書·司馬遷傳》的顔師古注和《文選》的李善注都没有加以解釋。近人有的把“備行伍”解釋爲“備數於行伍之中”,“備數”的意思是“充數”。這解釋也很牽强。

其實,“備行伍”的“備”應是“服”。“備行伍”就是“服兵役”。證明如下:

“𤰈”,《説文》字形作𤰈,是由甲骨文𤰈形演變來的。𤰈象矢在器中之形,“備”的本義是一種盛矢的工具,所以《説文》“備”訓“具”。在文獻中,“備”與“服”是通用的。“服”又作“箙”。例如:

《周禮·司弓矢》:“中秋獻矢箙。”鄭玄注:“箙,盛矢器也。”(“箙”又作“服”)

《毛公鼎銘文》:“簟弻魚葡。”

《詩·采薇》:“象弭魚服。”鄭箋:“服,矢服也。”(“魚服”即“魚葡”)

可見“𤰈”與“服”異形而同字,“𤰈”早出,“服”後出,“箙”更後出。

稍後一些的典籍中,“𤰈”皆作“備”,也與“服”通用:

《史記・趙世家》:"今騎射之備,近可以便上黨之形,而遠可以報中山之怨。"《戰國策・趙策》作"今騎射之服。"

"備"或"服"在這裏當服裝講,服裝與盛矢器在意義上相通。盛矢器叫"葡"("備")也叫"房",而"服"字也訓"房":

《左傳・宣公十二年》:"納諸厨子之房。"杜預注:"房,箭舍也。"

《國語・鄭語》:"檿弧箕服。"韋昭注:"服,矢房也。"

引申凡用以閉藏者都可以叫"房",如:

《淮南子・氾論訓》:"蜂房不容鵠卵。"注:"房,巢也。"

《木蓮花詩》(白居易):"花房膩似紅蓮朵,艷色鮮如紫牡丹。"("花房"即藏花蕊之朵)

人穿衣服是爲蔽體,與蜂房、花房之閉藏的作用是一致的,由此更可見"服"與"備"之相通。

施於箭曰"備",施於人曰"服",進一步孳乳,施於牛馬則曰"犕":

《説文・二上・牛部》:"𤛘(即犕),《易》曰:犕牛乘馬。"

"犕牛"就是給牛加上羈絆,以便駕馭牠耕作。現在管給馬加上轡頭鞍韉以便乘騎或駕車叫"備馬",其實就是"犕馬"。這個"犕"跟"服"字也通用。《説文》所引"犕牛乘馬",今本《易・繫辭》即作"服牛乘馬"。還有個佐證:

《後漢書・皇甫高傳》:"義真犕未乎?"《北史》作"義真服未?"

句中的“犕”即“備”，也就是“服”，意思是“義，真服氣了没有？”“服”有“服從”、“服氣”的意思正是“犕牛”之“犕”的引申，“犕”由“駕馭”叫“服”，被駕馭就是服從，也叫“服”。

奴隸社會看待奴隸如同牛馬一般，奴隸供主人役使也叫“服”，“服侍”義由此而來，雙聲音轉爲“僕”，就是供主人役使的僕人。古代實行兵役制度，從軍也是給君主服役的一種方式，因此，“備行伍”就是“服行伍”，也就是在軍隊中服役。

再從字的形體上來看“備”與“服”的關係。《三體石經》中《尚書·無逸篇》“文王卑服”的“服”字與《春秋經》“叔服”的“服”字都作[illegible]，象女子在室中服役之形。冂象屋形或帳篷形。《説文》“次”的古文作[illegible]，即《周禮·天官》“掌次”的“次”，也就是臨時搭起的帳篷。“服”字古文所從之冂正是帳篷的外壁。[illegible]即“女”，也就是“奴”字，“女”上横畫是羡餘的筆勢，無義（《石鼓文》和《秦權》中的“安”字皆作[illegible]，“女”上也羡一劃，與此形同）。從“服”的形體看，它的本義是奴隸在屋下服役。《説文·八上·人部》“備”的古文作[illegible]，即从[illegible]从夂，[illegible]即“奴”字的古文，夂是[illegible]字的反體，表示行動。因此，[illegible]的本義實際上也是奴隸從事勞動。“服”與“備”的字形，正反映母系社會解體後婦女在古代社會的地位。恩格斯説：“母權制的被推翻，乃是女性的具有世界歷史意義的失敗。丈夫在家中也掌握了權柄，而妻子則被貶低、被奴役，變成丈夫淫欲的奴隸，變成生孩子的簡單工具了。”（《家庭、私有制和國家的起源》） 這就是“服”和“備”的古文都從“女”又都具有“勞役”的意義的原因。它是古代社會狀況在文字上的反映。後來，“服”與“備”的意義擴大了，不僅限於婦女及其所執的勞役，凡爲人臣者爲社會爲君主的服役都稱“服”或“備”了。

“備”與“服”的造字源於婦女的勞動，還可以從它的同源字來證明。《説文·十二下·女部》：“婦，服也，从女持帚灑掃也。”“婦”、“備”、“服”都在“德”韵，并且雙聲，是同源字。卜辭和金文“婦”皆假“帚”爲之，可見灑掃之類的賤役通常都是由婦女去做。所以古代經常把箕帚與妾連在一起説。如：

《戰國策》：“請以秦女爲大王箕帚之妾。”

在古代典籍中，“婦”字也作“負”。如：

《列女傳》：“魏曲沃負者，魏大夫如耳之母也。”

《漢書·高帝紀》：“常從王媪武負貰酒。”如淳注：“俗謂老大母爲阿負。”

“負”也是勞動，所以有“載負”、“負重”之義。把女子稱爲“婦”或“負”都是從其供役使的地位來説的。因此，“服”與“負”也通用：

《詩·小雅·大東》：“睆彼牽牛，不以服箱。”

“服箱”就是載負車箱。“負”與“服”既可用於牛馬，又可用於奴隸，而且原始意義都與婦女有關，這正是符合當時社會的情况的。

# 干支字形義釋

甲、乙、丙、丁、戊、己、庚、辛、壬、癸,稱爲天干;子、丑、寅、卯、辰、巳、午、未、申、酉、戌、亥,稱爲地支;二者合用,稱爲干支。

十干最早稱十日。古代的很多文獻,如《莊子》、《淮南子》、楚辭《天問》等,都記載過十日並出及后羿射殺九日的傳説。《山海經・海外東經》説:"湯谷上有扶桑,十日所浴,在黑齒北,居水中,有大木。九日居下枝,一日居上枝。"這些傳説在殷商之前就已有了,説明當時已有用十計算日的曆法。甲骨文中已有從"甲"至"癸"的十日名稱,從商代的世系表中可以看出,由湯以下帝王的名字多用天干字,如"大甲"、"小乙"、"外丙"、"中丁"、"大戊"、"雍己"、"南庚"、"祖辛"……等。所以,天干字作爲十日的符號字,恐怕在最初造字的階段就有了。

十二支古人稱十二辰,最初用來劃分天位,又以命名天體。用"子"至"亥"作十二辰的符號,最早也見於卜辭。《周禮》:"馮相氏掌十有二歲,十有二月,十有二辰,十日,二十有八星之位。"又"哲蔟氏掌覆夭鳥之巢,以方書十日之號,十有二辰之號,十有二月之號,十有二歲之號,二十有八星之號",鄭玄説"十有二辰"即"從子至亥"。

相傳黄帝時大撓氏始以十日與十二辰相配以作"甲子"。這種相配最初稱"母子"。《淮南子・天文訓》"數從甲子始,子母相求",《史記・律書》稱"十母"、"十二子",都反映最早的這個稱呼。大約在東漢以後,才由“子母”發展爲“枝榦”,取旁枝與主榦之義。《白虎通》“甲乙者榦也,子丑者枝也”。以後才簡稱“支干”或“干支”,王充《論衡》説:“甲乙有支干”。

干支在我國古代曆法上最早用來紀日。殷墟發現的卜辭數萬片,幾乎無一没有以甲癸配子亥以紀日的。而且,卜辭中還發現以三旬爲限(始於甲子,終於癸巳)和六旬爲限(始於甲子,終於癸亥)的干支表。這説明殷商已有了月分三旬、每旬十日的曆制。

古人不以甲子名歲。《爾雅》、《史記》都列有專門紀歲的諸名,分歲陽和歲陰兩種。據顧炎武《日知録》的考證,用干支紀歲始於王莽時,但那時制詔事奏符檄之文還没有正式用,直到三國時,才在公文中正式用甲子稱歲。

至於用干支紀時,更非自古有之。經傳中以日中、晝日、日昃、東方未明、昏、夕、宵、昧爽、朝、中昃、旦、質明、大昕、日側、見日、日下昃、日旰、日入等詞語説明白晝的時間。這些詞語只不過是以描寫太陽的狀態作爲時間的標誌,並没有形成紀時的專名。夜間則以星爲標誌,如三星在天、婁中而旦等,更非專稱。《左傳・昭公五年》説“日之數十,故有十時”,是分一天爲十時。《淮南子》將一天分爲十五時,《左傳》的杜預注以“夜半、鷄鳴、平旦、日出、食時、隅中、日中、日昳、晡時、日入、黄昏、人定”爲十二時。可見漢代以前,並未有固定的計時制度。《周髀算經》每以十二辰配十二時,而且説,“加此時者皆以漏揆度之”,這還是一種專門的計算方法,尚未普遍用於記載,更未在群衆中流行。但這些都是後來以十二辰計時的基礎。大約在魏晋以後,以十二支計時才漸漸普遍起來。

干支在我國古代曆法中曾起過紀日、紀年、紀時的作用,以後更與數目字同樣有了標明次第的作用,完全變成了一組符號字。這些符號字多是借音而來,本義逐漸模糊起來。漢代以來,以十干配五行(金、木、水、火、土)、配五方(東、西、南、北、中)、配五色(青、赤、黄、白、黑)、配五時(春、夏、季夏、秋、冬)等説法極爲盛行,《太乙經》又有"甲頭、乙頸、丙肩、丁心、戊脅、己腹、庚臍、辛股、壬脛、癸足"之説,將十干凑成一個大人形(如圖一)。這些説法,迷信玄虚,給干支字增添了神秘的色彩。例如,在文字訓詁上很有權威的《説文解字》,便受了東漢道家玄學的影響,采用陰陽五行之説來解釋這二十二個干支字,遂使干支字的形義變得更難理解了。

圖一

甲骨文和金文的研究者早就十分重視干支字的形與義。他們的出發點在於通過這二十二個字形的探討,研究古代的生産、生活、天文、曆法和心理、習俗。總的説,他們是從歷史的角度來研究干支的。但是,對干支字的研究,還有另一個很重要的角度,那就是文字訓詁的角度,或者説是文獻詞義學的角度。

除却干支字的神秘色彩,首先應注意到的是這二十二個字大部分是文獻中的常用字,或者是常用字的聲符與形符。這些字用來紀時、紀日、紀歲,對它後來意義的發展是有些影響的。例如,章太炎先生曾説,古代以正午爲午時,正是日中,"巳"在"午"前,所以有"巳(已)然"、"巳(已)經"之義;"未"在"午"後,所以有"未然"、"未經"之義。又如,"點卯"、"花甲"等雙音詞的形成,也與干支紀時、紀歲有關。除了這些意義外,干支字與其他漢字一樣,也有自己的本義和引申義,它的本義同樣與其原始字形相貼切,是可以用訓詁的方法,考之具體文獻的語言材料,來加以探求和證明的。

## “甲”

“甲”的篆文作□,古文爲□。《説文》説古文甲“始於十”、“成於木之象”。金文、甲骨也有十形。繹山刻石“戒”作“戎”,“𣆪”隸作“早”,都可證明“甲”的古文作“十”,象甲乇、孚甲之形,因與數目字的“十”相混,才寫作□。章太炎先生説:“古文甲實作十,象甲乇之形。恐與數名之十本非異字。十音如叶,甲音如狎,本同聲。”這個説法是很有道理的。而依照這個説法,數目和干支字都非本義,是借其他形而用之。那麽,“甲”的本義是什麽呢?

《三體石經》中《尚書》“祖甲”的“甲”古文寫作□,《君奭》“大甲”的“甲”古文也作□,从□,□是它的外皮,象草木初生之形。從字形看,“甲”的本義是植物初生時的孚甲。古代語言中,動植物體上的名稱常相通。如“胎”是動物生長之雛形,而《説文》“筍”訓“竹胎”,“胎”字也通用於植物。“甲”也如此。植物的孚甲稱“甲”,動物覆蓋的外皮也稱“甲”。如“鱗甲”、“甲蟲”、“龜甲”等。再引申,掩蓋人身體的武裝也稱“甲”,如“甲胄”、“鎧甲”,或寫作“介”,稱“介胄”、“鎧介”,“介”爲“甲”的聲借字。“蛤”爲蜃屬,帶甲,是“甲”的同源字。皮膚病中有“疥”,也是“甲”所派生。

# “乙”

“乙”象草木初出土時彎曲的樣子,字書和文獻多有談及者:

《說文·十四下·乙部》:“乙,象春艸木冤曲而出,陰氣尚彊,其出乙乙也,與丨同意。”

(按:丨象植物上出貌)

《白虎通》:“乙者,物蕃屈有節欲出。”《淮南子·天文訓》:“其獸蒼龍,其音角,其日甲乙。”注:“木色蒼,龍順其色也。角,木也。甲乙皆木也。”

這些說法都以“乙”與草木有關。

《禮記·月令》:“是月也,生氣方盛,陽氣發泄。句者畢出,萌者盡達。”

《說文·十四下·乙部》“乾”下曰:“乙,物之達也。”

《禮記·月令》所說的“句萌”,就是形容草木初生的“權輿”。《大戴禮記·誥志篇》:“百草權輿。”《爾雅》:“權輿,始也。”都可見“句萌”義爲草木初生冤曲之貌。而《說文》所說“乙,物之達也”的“達”。正是《禮記》“萌者必達”的“達”。這就進一步證明“乙”的本義是草木萌生。

在“乙”的派生詞中,有義爲“抽”、“引”的“軋”字,其義正是“乙”的本義引申而來的。

《史記·律書》:“乙者,言萬物生軋軋也”。

《文賦》(陸機):“理翳翳而愈伏,思軋軋其若抽。”

章太炎先生説:“乙當爲履之初文。”這個説法不妥。“乙”與“履”常互通。湯自稱“予小子履”,而《世本》説湯名“天乙”,是“履”、“乙”相通。《左傳》所説“履端於始”,“履端”即“乙端”,也就是草木初出之引端。又見“履”與“乙”相通。但“履”與“乙”僅是文字上的聲借,二者並無源淵關係。

## “丙”

“丙”的本義當從“匢”字談起。《説文·十二下·匚部》:“匢,側逃也。从匚丙聲。”徐鉉説“丙非聲”,這是對的。“匢”在“侯”韵,“丙”在“唐”韵,韵部相距較遠,聲紐也不接近。其實,“匢”是會意字,从“匚”,从“丙”。“丙”實際上是“徬”的源詞。《説文·二下·彳部》:“徬,附行也。”也就是從旁側而隨行。“匢”从“丙”,訓“側逃”,就是從旁邊擠迫而逃。從這裏可以窺見“丙”的本義。“丙”是古“膀”字,臂膀在人身之兩側,所以引申有旁側之義,“髆”訓“肩甲”,與“膀”同源,引申也有側義。《山海經》:“東望恒山四成,有窮鬼居之,各在一搏。”“搏”是旁邊,即“髆”的聲借字。訓“附行”的“徬”,正是“膀”的孳乳字。肩封的“封”,訓“室在傍者”的“房”,以及義爲邊側的“傍”、“旁”,都是“丙”的孳乳字。

## “丁”

“丁”的本義是箭的頭兒。《説文·五下·矢部》:“𠆤(矢),弓弩矢也。从入,象鏑、栝、羽之形。”𠆢是鏑——箭頭;一是栝——箭杆；八是羽——箭尾。“丁”篆文形作个，正與“矢”上的鏑形相同。“丁”、“鏑”音近，“丁”是“鏑”的古代初文。

箭頭鋭利，中物即入，故“丁”有“撞擊”、“刺殺”之義。《説文・六上・木部》：“朾，橦也。”《通俗文》“橦”作“撞”，“朾”訓“橦”，義爲“撞擊”。《三下・殳部》：“殿，擊聲也。”《五上・竹部》：“笪，笞也”，“篋，榜也”，都是“丁”派生出的同源字，因而都有“打擊”之義。同時，箭頭刺進目的物便實實地定住，因而又有“丁實”、“成熟”的意義。“丁”的這種雙向的引申，可用它的另一個同源字“成”來證明。“成”从“丁”聲，有“落實”、“成熟”、“造就”之義，無需證明。同時，“成”又有“刺”與“擊”義。例如：

《吕氏春秋・長攻》：“反斗而擊之，一成，腦塗地。”

《吕氏春秋・論威》：“獨手舉劍，至而已矣。吴王壹成。”

前段話“一成”是“一擊”，後段話“壹成”是“一刺”。所以，“成熟”義與“擊刺”義異狀而同所，可通。

“釘”是“丁”的後出孳乳字，有尖端如矢鋒，使用時要撞擊而使入，所以既是名詞，又作動詞。“打擊”的“打”也是後出字，被列入《説文新附》字。《玉篇》不收此字。《廣韵・迥韵》作“都挺切”，訓“擊也”，今讀應作 dǐng，音變作 dǎ。今天行船遇見“打頭風”的“打”仍保留 dǐng 音，所以寫作“頂”。蚊蟲叮人的“叮”義爲刺，本是“打”，保留 dǐng 音，又造了“叮”字。這些都可以看出“丁”字的本義及其引申義的義例。

## “戊”

“戊”是古文“矛”的省體。《説文·十四上·矛部》:“矛,酋矛也。建於兵車,長二丈。”古文矛作[illegible]形。《説文》説“戊”字“象六甲五龍相拘絞”,正指[illegible]形而言。省去[illegible]剩丨,即成“戊”形。矛與戊都是刺殺的兵器,兼用於擊,故“成”字從“戊”。戊矛之首鋭利,故聲轉爲“夆”、爲“鋒”。以鍼紩衣曰縫。“縫”也是“矛”、“戊”的派生詞。

## “己”

“己”象人長跪之形,是“跽”的古文。曲膝爲跽,曲身爲匑(後聲借“鞠”字),曲脊爲躬,這是古人禮節上的三種姿式。“跽”(“咍”韵)、“匑”(“蕭”韵)、“躬”(“冬”韵),三字聲近,彼此同源。

“己”的常用義多半是作干支字以後發展來的。如“己”爲自稱,是因舊説“戊己”爲天干的中宫(因居五六位次,正在其中故稱中宫),“宫”猶“躬”,引申爲自稱。“己”爲“自己”,“戊”爲“某”,都源於此。稱北極星爲中宫,也因爲它是方向的標誌,與自己是周圍其他人的定位標誌意同。

## “庚”

“庚”的篆文[illegible]作兩手持干形,與“兵”的形體同。“兵”从雙手持“斤”作，古文“兵”作，正是“庚”加“人”旁。“兵”是兵器，又是兵丁，人器同名，“庚”、“兵”古爲一字。

“庚”與“兵”同，本義爲兵器，同時又是兵卒。與“更”通。《釋名・釋天》：“庚猶更也。”畢沅《釋名疏證》：“‘猶’字疑衍。《律志》曰：‘斂更於庚’，鄭注《月令》云：‘庚之言更也。’”是“庚”與“更”同源之證。《方言・三》：“庸、恣、比、侹、更、佚，代也。”“庸”、“更”、“代”相互爲訓，秦法“更有三品：有卒更，有踐更，有過更。”這裏的“更”即“庚”，是代替别人服役的傭傭兵。

## “辛”

“辛”之篆文从“一”从“辛”，《説文》説：“辛，辠也。”從金文“辛”作、、、看，“辛”與“辛”其實爲一字。

《三體石經》中《尚書》“辠”作；知“辛”作。而《左傳》“宰”作，从“宀”从“肉”从“僕”省。“宰”訓“在屋下執事者”，故从“宀”，宰本膳宰，故从“肉”，从“僕”省與从“辛”之意同，皆爲奴隸之稱。古代奴隸與犯罪、刑罰義相通，“辛”的本義是刑法，其字上象斧，下从“人”，八象血，一象墊在下面的椹質。

## “壬”

“壬”形從“工”。《説文・五上・工部》：“工，象人有規榘也。”“巫”下曰：“象人兩袖舞形，與工同意。”可見“工”象人形。“壬”所从之“工”也象人形。中間“一”指人腹中所懷之孕。所以，“壬”即古“妊”字。

“妊”(“壬”)的一系列同源字都與繁殖、後代有關。“人及鳥生子曰乳”,“乳”、“壬”同源。所乳曰“孺,乳子也”。“嫛,婦人妊身也”,所嫛曰“雛,鷄子也”。《説文》“鮞,魚子也。”《爾雅·釋魚》作“鱦,小魚。”音以證切。郭注:“今江東亦呼魚子未成者爲鱦”。“嫛”、“雛”、“鮞”(“鱦”)均同源。人、鳥、魚之稱相通。

## “癸”

“癸”的籀文⿱癶矢从“癶”从“矢”。段玉裁説“矢聲”,不確。“癸”是“揆”的古字。從“癶”,象兩脚。古人以手足爲測量深、長的標準。伸臂爲尋,所以手有度量之義。《説文》説“寸,法度也,亦手也。”——凡表示法度之義皆从“寸”。測土地用步、跬,所以从“癶”之字有測量義,與从“寸”之字有法度義相同。从“矢”者,以近度遠。故“癸”爲會意字。

## “子”

“子”象已成形的幼兒,籀文作[illegible],囟、髮、臂、脛具全。《廣雅·釋言》:“子、巳,似也。”知“子”與“巳”音義皆同。“子”訓“似”,取後代承襲先人之義。

“子”的本義爲後嗣之小兒。“字”是它的孳乳字。《説文·十四下·子部》:“字,乳也。”徐鍇説:“《易》曰:女子貞十年乃字。字,乳也。”生子曰字,所生曰子,義通。又《十四下·子部》“孳,汲汲生也。”“汲”是“字”的聲轉。

## “丑”

“丑”象手之形。古代人與獸的身體部分同稱。“番”是獸足,古文作[illegible],去其四點,即[illegible](丑),可證“丑”象手形。

從“丑”系同源字也可證明“丑”的本義是手:

“手”與“持”義通。《逸周書・克殷解》:“乃手大白以麾諸侯。”《史記・周本紀》“手”作“持”。《禮記・檀弓》:“手弓而可。”“手弓”即“持弓”。《公羊傳》“手劍而叱之”、“手劍而從之”,“手劍”即“持劍”。而“紐”訓“系”,與“持”義通。“肚,食肉也。”即以手持肉而食之。“羞,進獻也。”金文作[illegible](不䁖敦)、[illegible](獸伯鬲),从“又”即手。以手持羊進獻。“狃”,猿屬,以其善用爪攀緣而得名。這些都可證“丑”的本義是手。“内”與“蹂”是獸足,《字林》作“狃”,即“丑”的後出字,與“猿狃”的“狃”字偶同形。

## “寅”

篆文“寅”爲[illegible]形,古文“寅”爲[illegible]形。宋王俅《集古録》、薛尚功《鐘鼎款識法帖》都載齊侯鐘有[illegible]字。與古文“寅”上體同。又載文姬匜有[illegible]字。[illegible]即[illegible]的僞體。[illegible]與[illegible](申)略同。《周易・艮卦》:“九三,艮其限,裂其夤。”虞翻曰:“夤,脊肉。”《説文・四下・肉部》:“胂,夾脊肉也。”“夤”與“胂”同,知“寅”即“申”的別體。

## “卯”

篆文“卯”形爲[illegible],从兩反“户”字。“卯”即“門”。“貿”是“卯”的孳乳字。《周禮·地官·司市》:“凡市入。則胥執鞭度守門。”《説文·十二上·門部》:“闤,市外門。”古代文獻中出現“闤”字的很多,注釋都同《説文》。如:

> 薛綜《西京賦》注:“闤,市營也。闠,中隔門也。”
>
> 劉逵《蜀都賦》注:“闤,市巷也。闠,市外内門也。”
>
> 崔豹《古今注》:“市墻曰闤,市門曰闠。”

市是古代的交易場所,有圍墻曰闤,有門曰闠。章太炎先生説:“夫至日關閉,故開門則貿易矣。”“貿”與“門”的關係由此可見,“貿”從“卯”聲之因由此可見,“卯”本義爲“門”由此可證。

## “辰”

“辰”金文作[illegible]、作[illegible],甲骨文作[illegible]、作[illegible],它的形狀象農器中的犁頭,又象蛤形,這兩個形體是統一在一個本義上的。古代的記載可以説明這一點:

> 《淮南子·氾論訓》:“古者剡耜而耕,摩蜃而耨。”高誘注:“蜃,大蛤,摩令利,除苗穢也。”

可見古代用蛤磨利以作農器,犁頭正是蛤之變,下从“止”,表示除草的動作。“辰”正是古“蜃”字。

“辰”的本義如此,便可派生出“農”。《玉篇》有“莀”爲古

“農”字,正是以農具除草之形。加“寸”孳乳出“蓐”字、加“耒”孳乳出“耨”字,與“農”雙聲對轉,都是“辰”的同源字。

“辰”爲蛤形,又似女陰,從而孳乳出“娠”。《説文·十二下·女部》:“娠,女妊身動也。从女辰聲。春秋傳曰:后緡方娠。”“娠”與“身”同,今人仍謂懷孕爲“有身”。又《禮記·内則》:“妻將生子及月辰,居側室。”“月辰”即今所謂月經,也與生殖有關。蓋五穀之生與人畜之生其義相通。在這個意義上,“辰”與“辱”同源,正如“蓐”與“蓐”同源。《説文·十四下·辰部》:“辱,耻也。”其實“辱”訓“耻”,是污濁、污染義的引申。《儀禮·士昏禮》鄭玄注:“以白造緇曰辱。”可見“辱”有污染義。污染、污濁之義又是從陰器之義引申來的。

## “巳”

《説文·九上·包部》“包”下説:“巳在中,象子未成形也。”可知𢀳(“巳”)與“子”的區別在於前者未成形,後者已成形。古文字形體不固定,反體、倒體與正體實爲一字。故“巳”與“目”(㠯)音同,實爲一字。“目”、“巳”與“胎”古亦同音。《説文》“目”下説:“賈侍中説:巳,意巳實也。”他的意思是用神話傳説解“目”字:禹母吞食薏實而生禹。傳説薏苢宜子,故禹姓姒,得名於目。

“巳”爲胎兒,引申而有“相似”之義。取子承父而與父相似之義。《廣雅·釋言》:“子、巳,似也。”“似”原作“佀”,反文爲“㠯人”,即成“以”,故“目”、“以”、“似”實爲同字。《詩經·周頌·維天之命》:“維天之命,於穆不巳。”孔穎達疏引《詩譜》曰:“子思論詩‘於穆不巳’。仲子曰:‘於穆不似。’”是“巳”,“似”相通之證。王念孫《廣雅疏證》在“子、巳,似也”一條下注“未詳”,是因爲没有弄清“巳”的本義。

《説文·八上·人部》“佀”,小徐本作“象肖也”。子不能承父業謂之“不肖”,即不似、不象。又,“似”又孳乳出“嗣”字,也當繼承講。

## “午”

“午”象杵形,《説文·七上·臼部》:“𦦺(舂),擣粟也,从廾持杵以臨臼上。午,杵省也。”可見“午”是“杵”最初的象形字。

杵是舂米的工具,抵擣是杵的動作,所以,“午”引申爲抵禦、對抗,又引申爲相對、相遇、相觸,又引申爲禁止。从“吾”之字多爲“午”的同源字。如“啎”有“逆”義,“晤”有“相對”、“相遇”之義,“圄”、“敔”有禁禦之義,“衙”有“逆止”之義,“齬”有“相惡”、“相觸”之義,“語”有“論難”之義,“吾”與“汝”爲對稱,都是“午”的同源字。

## “未”

《説文》以“未”爲“滋味”之“味”的古字,其説迂曲,與字形不合。“未”的形狀象樹木枝葉重繁。葉濃覆蓋則光影冥暗,所以“未”即“昧”,本義爲暗昧。古代的聲訓多有以“昧”訓“未”的,如:

《釋名·釋天》:“未,昧也。日中則昃,向幽昧也。”

《禮記・月令》注:"未,昧也。"

古代文獻也可證明。如:

《淮南子・天文訓》:"未者昧也。"

《漢書・律曆志》:"昧薆於未。"

## "申"

《説文・十三上・蟲部》"虹"的籀文作蚒,其形从"申",並説:"申,電也。"《十一上・雨部》"電"从"申"作電,古文"電"从籀文"申"作[illegible]。可見"申"是古"电"字,其形象電光激耀之形。"申"作干支字後,"电"加"雨"以别之。

"申"派生出"神"字。《易・繫辭》:"陰陽不測之謂神。"與"電"下所謂的"陰陽激耀"同意。《禮記・孔子閒居》説:"地載神氣,神氣風霆,風霆流行,庶物露生。"《穀梁傳》説:"電,霆也。"可見古人認爲雷、霆是電,也是神。古人崇尚光明,電光最明,故以爲神明。"申"有"説明"之義,也是由此引申。電光屈伸,因而"申"又有"引"義,孳乳出"伸"字。虹與電均象帶,故引申爲大帶,孳乳出"紳"字。

## "酉"

"酉"象裝酒之器。《論衡・譴告》:"釀酒於罌。""酉"即瓮形。"酉"、"酒"本爲一字,既是水酒名又是陶器名。以後加"水"旁分化。

從"酉"派生出的詞有酎——三重醇酒、醪——汁滓酒。古代以酒祭神,又以酒求壽,《詩經·豳風·七月》:"爲此春酒,以介眉壽。""壽"與"禱"也與"酒"同源。氏族社會主祭人爲"酋",《説文·十四下·酋部》:"酋,繹酒也。从酉,水半見於上。禮有大酋,掌酒官也。"故"奠"从"酋","尊"从"酉",也从"酋"。"酉"、"酋"本爲一詞,也是後來分化的。

《説文》以"丣"爲"酉"的重文,是錯誤的。"丣"是"窌"的古字,即"窖",與"酉"異字異詞。

## "戌"

"戌"从"戊"含"一"。"戊"是矛,"一"指事,標識其殺傷之處。所以,"戌"即後來的"劌"。"滅"從"戌"得聲,是"戌"的同源字,所以《説文》訓"戌"爲"滅"。"絶"也在"屑"韵,也是"戌"所孳乳。

金文"戌"象斧形[illegible]、[illegible],與"戉"、"戊"、"成"義近,都有刺殺、消滅之義。

"戔"、"殘"、"鏟"都是"戌"一聲之轉,也爲"戌"的同源字。

## "亥"

"亥"爲動物之形,《説文》作[illegible],金文作[illegible],知"亥"即後來的"豥"。《爾雅·釋獸》:"豕四豴皆白,豥。"因篆文"亥"已不象動物之形,故加"豕"以標識。

豥爲豕屬。《説文·九下·豕部》:"豕,彘也。竭其尾,故謂之豕。象毛足而後有尾。”其古文作𠀅,與“亥”的古文同形。《左傳》所説的“婁猪”,《周易》所説的“羸豕”皆此屬,懷胎生子最多,“亥”即豕懷胎生之子形。所以“家”從“豕”,也取義於繁殖之義。

# 談先秦文獻中"如"的詞義

> 《公羊傳·隱公元年》:"母欲立之,己殺之,如勿與而已矣。"何休注:"如即不如,齊人語也。"

孔穎達根據何休注,作出了《左傳·僖公二十二年》的一條疏:

> 《左傳·僖公二十二年》:"若愛重傷,則如勿傷;愛其二毛,則如服焉。"孔穎達疏:"如猶不如,古人之語然,猶似敢即不敢。"

顧炎武在《日知録》裏説"如即不如"不一定是齊人語,而是"古人多以語急而省其文"。他又舉出一些例子:

> 《左傳·成公二年》:"若知不能,則如無出。"
>
> 《左傳·昭公十三年》:"二三子若能死亡,則如違之,以待所濟;若求安定,則如與之,以濟所欲。"
>
> 《左傳·昭公二十一年》:"君若愛司馬,則如亡。"
>
> 《左傳·定公五年》:"不能如辭。"
>
> 《左傳·定公八年》:"然,則如叛之。"

後世講虚詞的書如《經傳釋詞》等,都采用這個説法。

以上各句中"如"字,推其語氣,確有"不如"的意思。但與"敢即不敢"情況却毫無相同之處。謙敬副詞的"敢",帶有"不敢"的意味,是因爲這類句子多有反問語氣,"敢"就是"豈敢",也就是現代漢語的"怎麼敢"、"哪裏敢",真實的意思當然是"不敢”,這是言之成理的。而“如”爲什麽有“不如”的意味,用“語急而省其文”來解釋,很難説服人。肯定與否定意思恰恰相反,這是誰都明白的事實,豈能因語急而將這麽重要的一個否定副詞省掉?與義理似未能通。

運用訓詁的方法來探求,這些個“如”字應作“應當”解。“不如”的意念,是從“應當”義産生的。這一點前代的注釋家已經注意到了:

> 《左傳·昭公二十一年》:“君若愛司馬,則如亡。”杜預注:“言若愛大司馬,則當亡走失國。”
>
> 《墨子·貴義》:“今天下莫爲義,則子如勸我者也,何故止我。”孫詒讓《墨子閒詁》:“畢云《太平御覽》人事部六十二、資産部二引作‘子宜勸’,又作‘子宜勸我’,王云此不解‘如’字之義,而以意改之也。如猶宜也,言子宜勸我爲義也。‘如’字,古或訓爲宜。”

杜預以“當”訓“如”,孫詒讓以“宜”訓“如”,都把“如”解作“應當”。

《説文·十二下·女部》:“如,從隨也。”“順從”、“服從”、“跟隨”是“如”的本義。先秦文獻裏,“如”當“從隨”講的很多:

> 《左傳·莊公七年》:“星隕如雨,與雨偕也。”
>
> 《左傳·宣公十二年》:“有律以如己也。”杜預注:“如,從也,法行則人從法,法敗則法從人。”

“與雨偕”就是隨着雨一起下來。“有律以如己”就是制定法律來順從自已。這兩處“如”都當“隨”、“順”講。順着某個方向去,就是“往”,《爾雅·釋詁》:“如,往也。”順着某個標準去,就是

“相當”、“相等”。《戰國策·宋策》:“宋之不足如梁也。”意思是“宋國不足以與梁相當。”那麼,順着正確的情理辦事,就是“宜”,也就是“應當”。“如”的這些實詞義在引申系列裏的位置非常清楚。

“如”有“當”義,虛化後便有四個作用:

第一、比較作用。即甲與乙相同。如《左傳》:“遂爲母子如初”。

第二、比擬作用。即甲與乙類似。如《詩經》:“如臨深淵,如履薄冰”。

第三、舉例作用。即列舉其中之一。“例如”的“如”即此。

第四、假設作用。即順此便可產生應有的結果。“如果”、“假如”的“如”即此。

“女”、“奴”、“若”、“喏”都是“如”的同源詞。“女”、“奴”古爲一字,因其必須順從、服從而名之。《釋名·釋長幼》:“女,如也。婦人外成如人也。故三從之義少如父教,嫁如夫命,老如子言。”可見性别稱“男女”,是父系奴隸社會才有的。“若”訓“順”,分化出“喏”字爲隨順應答之詞。“若”也可引申爲“相當”、“相等”。“年相若”即“歲數相當”,“價相若”即“價錢相等”。把這些“如”的同源字聯繫起來,對“如”由“隨順”、“相當”義引申爲“應當”之義,便更容易理解了。

# 釋“類”

《史記・伯夷列傳》:“巖穴之士,趨舍有時若此,類名堙滅而不稱,悲夫!”

張守節《史記正義》將“類”字屬上句,讀成“趨舍有時若此類”,這是對“類”在句中的意義的誤解。實際上,“類”在這裏應當“大多數”講。這段話的意思是説:巖穴之士,他們的取舍進退有時要看是否能遇上好機會,正如伯夷、叔齊一樣。而他們中的大多數聲名都被堙没而不爲世所稱揚,這是多麼可悲呀!“類”應屬下句,讀“類名堙没而不稱”。“類”的這一詞義絶非偶然,如:

曹丕《與吴質書》:“觀古今文人,類不護細行,鮮能以名節自立。”

這裏的“類”與《伯夷列傳》義同。

要想理解“類”的這一意義,必須從它的詞義發展和同源系列來考察。

“類”的音義來源於“雷”。古人有萬物之生出於雷震之説:

《禮記・孔子閒居》:“地載神氣,神氣風霆,風霆流行,庶物露生。”

《易・説卦》:“萬物出乎震。”

霆和震都是雷,可證古人萬物生於雷的看法。《説文解字》“雷”、“霆”二字的解釋體現了古人這一觀點:

《十一下・雨部》:"雷,陰陽薄動生物者。""霆,雷餘聲鈴鈴,所以挺出萬物。"

段玉裁以爲二月陽盛,雷發聲,所以回生萬物,因此才有物類、事類。所以"類"由"雷"派生,二字在古代同源通用:

《周禮・春官・龜人》:"西龜曰雷屬。"鄭玄注:"左倪雷。"

《爾雅・釋魚》:"左倪不類。"邢昺疏:"左倪不類者,倪,庳也。不,發聲也。謂(龜)行時頭左邊庳下者名類。《周禮》'西龜曰雷屬'是也。"

可見"雷"與"類"古代通用。

雷聲相同而連續,所以有"雷同"之義,"類"即是將相同的東西歸納到一起,稱爲同類。引申爲有層次、有條理和積累義。且看它們的同源系列:

"纍"是它們的同源字。《説文・十三上・糸部》:"纍,綴得理也。一曰,大索也。"這兩個意義是有關聯的。所謂"綴得理",就是把一切事物依照條理連綴在一起;而大索則是把麻一類的纖維依其條理搓成的。"纍"字今天已簡化作"累",而古代文獻中早已通作"累":

《莊子・外物篇》:"夫揭竿累,趣灌瀆。"《釋文》:"累本亦作纍。司馬云:力追反,云綸也。"

"累"即"纍"在"灰"韵,"綸"在"痕"韵,兩韵對轉。"綸"也有"條理"義。《説文》:"侖,理也。"从"侖"得聲之字如"綸"、"倫"、"論"、"淪"等都有"條理"義。知"類"、"累"、"綸"皆同源。而"纍"訓"大索",引申而有"構系"義。如:

《左傳・僖公三十三年》:"不以纍臣釁鼓。"

《左傳・成公三年》:"兩釋纍囚。"

"纍臣"和"纍囚"均指捆綁着的奴隸、俘虜。所以《廣雅・釋言》說:"累,拘也。"這個意義與雷聲的連續性也是相通的。

"垒"也是"雷"與"類"的同源字。《説文・十四下・厽部》:"垒,絫墼也。""墼"就是燒過的磚或未燒的土坯。把土或磚依照次序重疊起來,叫作垒,垒也是"綴得理"。後來演變出現代漢語的"摞"(luò)和"垛"(duǒ),又派生出"拾掇"的"掇"。總之,它們共同的詞義特點是集聚同類的物品,使之整齊、有條理。

從"類"的語源和同源系列,可以看出它的意義發展:(一)它有"相同"之義,將相同的東西歸納在一起叫"一類"。(二)它有條理之義,分類即使物有條理。(三)它有系聯之義,同類之物因其特徵相同而有聯繫。這三方面的意義是相通的。衆多物品有次序地聚集叫類,從而引申"大多數"義,就毫不奇怪了。

掌握了"類"的這個引申義,便不會把"趨舍有時若此,類名堙滅而不稱,悲夫"這個句子斷錯。可見古代文獻的句讀與詞義是有密切關係的。

# 談“首鼠兩端”的“鼠”

> 《漢書·竇田灌韓傳》:“蚡已罷朝,出止車門,召御史大夫安國載。怒曰:‘與長孺共一禿翁,何爲首鼠兩端?’”服虔注:“禿翁,言嬰無官位版授(援)也。首鼠,一前一却也。”

《漢書》的這段話意思是説,田蚡身爲丞相,長孺(韓安國)爲御史大夫,以三公貴職對付一個無官職的老頭,爲什麽還要畏首畏尾顧慮重重呢?服虔注“首鼠”爲“一前一却”,没有把“鼠”在這兒的詞義解釋清楚。

“鼠”在這裏應當“尾”講,這個詞義是因老鼠的形體特徵而引申的。在古人眼裏,鼠尾最突出,《本草綱目》裏有鼠尾草。黄季剛先生説:“蜀(蠶)以相名,鼠以尾名,龍以肉名。”可見鼠名以尾,鼠也可引申有尾義。

“首鼠兩端”即《後漢書·鄧訓傳》的“首施兩端”,“施”也當“尾”講。《通志·氏族略》:“魯公子尾字施父。”“靴”爲馬尾,也與“施”同音同源。

“施”訓“尾”,是“也”的後出字。“尾”的初義不是尾巴,而是陰部。《史記·五帝本紀》集解説:“尾,交接也。”《尚書·堯典》:“鳥獸孳尾。”傳:“交接曰尾。”可見交接之物叫尾,交接之事也叫尾。而《説文》訓“也”爲“女陰”,“也”是人類之陰,“尾”是禽獸之後,義相通。人體莫高於頂,莫下於陰。(足雖在下,但四肢可旁舒,故不以足爲下而以陰爲下。)正如獸體莫前於首,莫後於尾。“顛”爲人之頂,引申爲蒼天之天;“也”爲人之陰,派生出天地之地,其意相同。

有人以爲“也”是“匜”的初文,因金文“也”與“匜”爲一字,所以以此駁《説文》“女陰”之説。其實,“也”訓“女陰”,因注水之狀同而引申爲沃盥之器,從而孳乳出“匜”字。《説文》分“也”、“匜”爲二形二字,説明了字詞的發展。

“施”即“也”,訓“尾”,“首施兩端”即“首鼠兩端”,可證“鼠”作“尾”講。“首鼠兩端”即“畏首畏尾”。

# “檥船待”解

《史記·項羽本紀》記載：項羽僅餘二十八騎，突破漢軍重圍，來到烏江邊上，想要東渡烏江，“烏江亭長檥船待”。“檥”字難解。前代有三種解釋：

第一種

《史記集解》引孟康説：“檥，音蟻，附也。附船著岸也。”

第二種

《説文·六上·木部》：“檥，榦也。”段玉裁注：“人儀表曰榦，木所立表亦爲榦。其義一也。《史記》‘烏江亭長檥船待’，檥船者，若今小船，兩頭植櫓爲系也。”徐灝《説文解字注箋》説：“繫船近岸必置一杙，杙即榦也。故《史記》謂之檥船。”

第三種

《史記集解》引應劭説：“檥，正也。”如淳説：“南方人謂整船向岸曰檥。”

這三種説法孟康以“檥”爲“蟻”的借字，又訓“蟻”爲“附”，十分牽强。且不説“蟻”字本身並没有“附着”這一類的詞義，就是可以直接當“附”講，《史記》用詞也不會如此迂曲。第二種解釋篤信《説文》，千方百計附會“榦”的意思，便認爲“檥”是篙、是杙，這也難解釋通。照這種解釋，項羽來到江邊，烏江亭長在岸邊等候，文章專門强調船是繫着的，這與當時的緊急情況也不相合。

而且,段玉裁對訓釋詞“榦”的意思也理解得狹窄了一些,又沒有兼顧到“檥”的同根詞的意義,所以吴承仕在《經籍舊音辯證》裏説:“……如釋爲植篙置弋以附會説檥韓之詞,然則嚴駕回轙,將何説哉?”

第三種解釋在訓詁上是站得住脚的。“檥”從“義”聲,與“義”音近義通。“義”訓“善”,訓“宜”,指的是一種符合真理的行爲,它的基本詞義是“端正”,所以《孟子》説:“義,人之正路也。”“義”派生出“儀”,專用作人的儀表,因爲儀表是測定内心的依據,所以又引申爲“法度”、“準則”、“儀器”等義,基本詞義也是“端正”。段玉裁把“檥”和“儀”對照説明,可見他已弄清“檥”和“儀”同源。但他對這組同源字詞義的共同特點把握得不對,以爲它們的共同特點是直立的表榦。

“檥”訓“榦”,取的也是“端正”之義。“榦”是“築墻端木”,也就是築墻時的夾板,它的作用是保證墻打得直,所以可以引申爲端正。《爾雅·釋詁》:“楨,榦也。”“舍人曰:楨,正也。”《廣雅·釋詁》直言“榦,正也”。訓“檥”爲“榦”,也就是訓“檥”爲“正”。吴承仕説:“檥字從義聲,自有整正之義。”這個説法是對的。

“檥船”就是作好各方面的準備,嚴整而待發。《漢書·禮樂志》:“靈禗禗,象輿轙。”孟康説:“轙,待也。”這個“轙”也是因有整頓之義而能訓“待”的。所以“檥”的後出字作“艤”。《蜀都賦》所説的“艤輕舟”,也是備輕舟嚴整而待發。如此看來,《史記》的“烏江亭長檥船待”,意思是説,烏江亭長早有準備,已經是解舟正向,櫓篙既没,整頓好一切,將要搶渡項羽過江。這個解釋無論就詞義或就文意説,都是允當的。

# "草"字小議

"草"字《説文》訓"草斗,櫟實也,一曰象斗子"。它的果實是一種黑色的顔料。"草木"的"草"甲骨文作艸,篆文作艸,而文獻都寫作"草",今天,"草"已成爲"草木"的正字。

"草"字的意思本很單純,《説文》"草"訓"百卉",也就是草本植物的衆名。但它有很多引申義。有人問:"潦草"、"草創"、"草稿"、"草草收兵"等等,這些"草",是不是"草木"的引申義?它們與"草木"有什麽關係?

"草"有"疾"、"速"之義。因荒野所生的草,比農作物長得快。這一點可以用它的同源字來證明。段玉裁説:"二屮三屮一也。"也就是説:"艸"、"芔(卉)"、"茻"其實是一字之分化。"卉"有"快速"之義。比如,《漢書·禮樂志》中的"郊祀歌"有"卉汩臚"之稱。顔師古注:"卉汩,疾意也。""汩"即《説文·十一下·川部》"𡿧"的借字,"𡿧"訓"水流",也有"疾速"義。"茻"字多寫作"莽",也有"快"義,"鹵莽"就是圖快而不假思索。"驀"從"茻"聲,訓"上馬",也有"快"義,"驀地"就是"猛然間",也就是快。由此可見"草(艸)"有"疾速"義是合於規律的。"草草收兵"就是匆匆忙忙收兵,"草草"義爲快。

草不但長得快,而且也未加人工培育,所以有"粗糙"的意思。如:

《戰國策·齊策》:"左右以君賤之也,食以草具。"

《史記·陳丞相世家》:“更以惡草具進楚使。”《集解》:“草,粗也。”

《漢書·郊祀志》:“草改曆服色事。”注:“草,粗也。”

由“粗糙”義引申爲“鄙陋”。如:

《史記·老莊申韓列傳》:“草野而倨侮。”《正義》:“草野猶鄙陋也。”

“潦草”的“草”,就是“粗糙”,也就是隨隨便便不認真。

“草”還有“開始”的意思。《廣雅·釋言》:“草,造也。”“造”當“始”講。《易經·屯卦》:“天造草昧。”朱駿聲説:“或曰,上古之世,地未墾闢,芁荒薆薉,故曰草昧,因又爲創始之稱也。”文獻中“草”當“創始”講的很多,如:

《漢書·藝文志》:“蕭何草律。”注:“草,創造之。”

《史記·屈原賈生列傳》:“屈平屬草稿。”《索隱》引崔浩注謂:“發始造端也。”

“草稿”之義正是最初寫成的文稿。

所以,“潦草”、“草創”、“草稿”、“草草收兵”的“草”,都與“草木”之義相關,都是“草”的引申義。

# 談談"因"字的形與義

"因"字在現代漢語裏由於常用來組成"因此"、"因而"、"因爲"等虚詞,已被列入到連詞或介詞一類的虚詞中去了。而在古代漢語裏,"因"却常常具有很實在的詞義,出現頻率很高,解釋也似乎多種多樣,乍一看很難理出個頭緒來。在中學語文課本的文言文裏,"因"字凡幾十見,常見的解釋有以下幾種:

《鴻門宴》(《史記》):"今人有大功而擊之,不義也,不如因善遇之。"(因,趁機。)

《廉頗藺相如列傳》(《史記》):"(廉頗)因賓客至藺相如門謝罪。"(因,通過。)

"王授璧,相如因持璧却立,倚柱,怒髮上衝冠。"(因,即刻。)

《隆中對》(《三國志》):"益州險塞,沃野千里,天府之土,高祖因之以成帝業。"(因,憑藉,靠着。)

《孫臏傳》(《史記》):"善戰者,因其勢而利導之。"(因,順着。)

《張衡傳》(《後漢書》):"衡乃擬以班固《兩都》,作《二京賦》,因以諷諫。"(因,借着。)

《夢遊天姥吟留别》(李白):"我欲因之夢吴越,一夜飛渡鏡湖月。"(因,按照。)

《黔之驢》(柳宗元):"虎因喜,計之曰:'技止此耳!'"

（因，因爲——因之而爲。）

這許多解釋應當如何整理？“因”的詞義應當如何掌握？這就需要運用訓詁“以形索義”的方法，從“因”的字形找出它的本義，再觀察這個本義有什麽特點，如何決定了它的引申方向，從而整理出這個字（詞）的引申系統，諸多解釋便可清清楚楚，一目了然了。

《説文·六下·囗（wéi）部》：“因，就也。从囗、大。”段玉裁《説文解字注》説：“‘就’下曰：‘就高也。’爲高必因丘陵，爲大必就基址，故因從囗、大，就其區域而擴充之也。”段玉裁所説的“爲高必因丘陵，爲大必就基址”，是套用了《禮記·禮器》和《孟子·離婁》的話，原文作“爲高必因丘陵，爲下必因川澤”，段以“爲大必就基址”言之，以“因”和“就”對文，來説明“因”、“就”互訓，並更明確、具體地解釋了“因”與“就”的“憑藉”、“依靠”之義，就釋義來説，這個注是作得很好的。但在解釋字形時他却説“就其區域而擴充之”，是以“囗”爲一種區域，也就是一種限制，一種依據，以“大”爲長大、擴充，在“囗”的限制下，按其區域擴充，所以有“憑藉”、“依靠”義。這種“以形索義”過於迂曲了，未能正確反映“因”的字形，因而也未能説明“因”的本義。

其實，“因”从“囗”从“大”，已經是符號化以後的筆勢了。“因”是“茵”的古字，它的形體象古代的席子。江永説：“象茵褥之形，中象縫綫紋理。”朱駿聲説：“席篆古文作‘𠩄’，蓋从因、厂，象形。”江、朱的説法是對的。《韓非子·十過篇》：“縵帛爲茵，蔣席頞緣。”證明“茵”（“因”）、“蔣”都是席子一類的東西。從甲骨文看，“因”形作“[甲骨文]”，確實是一張席子，中間是簡化了的席紋。

“因”字後來作“茵”，又作“鞇”。《説文·一下·艸部》：

“茵,車重席,从艸因聲。”“鞇,司馬相如説茵从革。”《漢書·霍光傳》又作“絪”。“茵”、“鞇”、“絪”義同形異,都是變易字。

由席子這個本義出發,可以探求它的引申系統。古代的茵席有兩個特點,決定了“因”字的兩個引申方向,形成了它的雙向引申系統:

茵席的第一個特點是:它是人的座墊,也就是人座下的憑藉物。《説文·七下·巾部》:“席,藉也。”“藉”即是今天“憑借”的“借”字。“席”通“藉”的地方很多。《漢書·劉向傳》:“吕産、吕禄席太后之寵”,“席”即是“藉”。《漢書·賈捐之傳》:“民衆久困,相枕席於道。”如淳曰:“席音藉”。“因”有“依靠”、“憑借”之義即由此産生。從它的同源字也可看出這一詞義特點。《説文·十二下·女部》“姻,婿家也,女之所因,故曰姻”,“所因”就是“所依靠”。茵席的第二個特點是:它重叠起來,加於其他東西之上。室中的茵是人坐的小墊子,下面還有一層大面積的鋪席,叫作“筵”(“筵席”這個雙音詞,就是這樣發展起來的)。所以古人稱作“加席”。車上的墊子一般由獸革縫制而成,也是兩層,因此稱作“重席”。這個特點從“因”的同源字“裀”可以看出。《廣雅·釋器》:“複襂謂之裀。”“襂”就是衫,也就是單衣,“複襂”是兩層單的,也就是帶裏子的夾衣,“裀”與“茵”同,也有“重”義。“因”從而産生“重複”、“沿襲”、“遵循”、“循順”諸義。又引申爲空間上的“連接”、“延續”和時間上的“立即”。這些都是從它的第二個特點發展來的。

把這兩條綫索整理清楚後,再來看“因”的諸多解釋,就可以明白,前面所引幾段話中,“趁着”、“通過”、“靠着”、“借着”、“按照”、“因爲”,都是第一條綫索上的詞義,其特點全在於憑靠某個東西,依據某個東西。而“即刻”、“順着”,則是第二條綫索上的詞義,其特點在於彼此緊接着,緊挨着。

現代漢語中的“原因”,即是“原來的依據”,“因此”即是“根據這個”,“因爲”也是“根據這個而爲”,“因”的實義也都没有消逝呢!

# 談“社”與“后”

“社會”、“公社”爲什麽叫“社”？“社”的詞義究竟是什麽？《説文·一上·示部》告訴我們：“社，地主也。”“地主”就是土地之神，所以“社”从“土”，“社稷”就是土神和穀神。“社”還有另外一個意思，就是當“母親”講。《説文·十二下·女部》“姐”字下有“蜀謂母曰姐，淮南謂之社”的説解。《淮南子·説山訓》：“社何愛速死”，高誘注：“江淮間謂母曰社。”“社”既是“土”，又是“母”，正象拉丁文呼土地之神爲“威嚴之母”，真是無獨有偶。

“后妃”的“后”和“後來”的“後”，其繁體字本不是一個字，“後來”字作“後”，簡化時用“后”同音替代。這個同音替代很有根據，很有道理，因爲古代“后妃”的“后”和“後來”的“後”正是一個字。《説文·九上·后部》：“后，繼體君也。”“繼體君”就是君的後嗣，即繼承人。引申而有“後昆”、“後來”的意思。“后”字反映母系社會的情况，是女性酋長的繼承人，甲骨文字形作，按王國維的説法，上面是“女”或“母”，下面是倒着的“子”字，象産子的水液。這個字形完全可以證明“后”是“後代”、“後嗣”。母系社會解體，到了父系社會，社會的中心人物變成男性，還是稱“后”。比如《書·般庚》“古我先后”、“我古后”，《詩經·商頌·玄鳥》“商之先后”、《詩經·大雅·下武》以太王、王季、文王爲“三后”，都是指的男性了。到後來，男性的最高尊長稱“王”，“后”便成了王的配偶的稱呼，雖然意義恢復到原始仍指女性,但社會地位可大不如前了。《國語·周語》:"昔昭王娶於房,曰房后。"這恐怕是見於典籍的最早的義爲"后妃"的"后"了。

照此看來,"社"是"母","后"即是母所生養的後代。這兩個詞都是稱人類的,同時也可以稱畜類。古代人畜生活相去未遠,稱人與稱畜相通的很多。最明顯的是《説文·十二下·女部》:"母,牧也。从女,象懷子形。一曰象乳子也。""母"、"牧"同源,可見繁殖人類的"母"和繁殖畜類的"牧"是一回事。同樣的道理,"社"本是人母,而《爾雅·釋畜》"牝曰騇",《廣雅》"騇"字作"牸",説:"牸牸,牝雌也。""騇"和"牸"都是母畜,是"社"的後出字。"后"是人的後嗣,也稱畜的後嗣,由"后"字發展出一批稱幼畜的字:

幼犬稱"狗"。《爾雅·釋畜》:"(犬)未成豪狗。""未成豪"指没有長出粗壯的毛,也就是乳狗。

熊虎之子也稱"狗"。《爾雅·釋獸》:"熊、虎醜,其子狗。"《晋律》説:"捕虎一,購錢五千,其狗半之。"可知虎子也叫狗。

小馬稱"駒"。《説文·十上·馬部》:"馬二歲曰駒。"是"駒"爲小馬。

小牛稱"犺"。《漢書·朱買臣傳》:"乘不過軥牛。"晋灼説:"軥牛,小牛也。""軥"的本義是古代車上的一個部件,當小牛講是借字。郭璞《爾雅·釋獸注》説:"青州呼犢爲犺。""犺"是牛犢,也是當小牛講的正字。

小猪、小豹稱"豰"。《説文·九下·豕部》:"豰,小豚也。"《爾雅·釋獸》:"貔,白狐,其子豰。""豚"是猪,"貔"是豹。它們的乳子都稱"豰"。

小鳥、小鷄稱"鷇",也稱"雛"。《説文·四上·鳥部》:"鷇,鳥子生哺者。"《廣雅》:"縠,雛也。"《方言》:"爵(雀)子及鷄雛皆謂之縠。"《列子·湯問》:"視來丹猶雛縠也。"可見小鳥、小鷄都統稱"縠",也叫"雛",分言之小鳥叫"縠",小鷄叫"雛"。

"狗"、"駒"、"物"都从"句"得聲,古韵在"侯"部。"穀"、"縠"都从"殸"得聲,古韵也在"侯"部。"雛"從"芻"得聲,上古也是"侯"部字。而這些字的聲母也或全同,或相近。它們都是作畜獸的幼子的名稱,意義來源於繼體君的"后"。這種現象,訓詁學上叫"音近義通",表示這一系列的字都是根源於"后"的同源字,記録的是一連串由"后"分化出來的派生詞。

"狗"、"駒"、"物"、"穀"、"縠"、"雛"都同音而指畜子、獸子,甚至羊的乳子叫"羔",牛的乳子另名"犢",人的嬰兒稱"乳",聲音也都和"后"相近。這種現象表明,更早的古代,動物的初生子有一個統稱,直到後來,對不同的動物有了分别的認識後,才爲它的子嗣分别取名,所取的名稱,都是由原來的統稱分化出的。現代藏族安多方言獵人語,稱一切獵獲的小獸、小禽都叫 gou,正是古代漢語一切初生動物有統名的又一證明。

# “職”、“志”同源説

在現代漢語裏，“職”是“職能”、“職務”，“志”是“意志”、“志向”，二者之間似無意義的聯繫。但從古代文獻中考察，二字古韻都在“咍”韵，聲母完全相同，而且義也相通，是兩個關係極爲密切的同源詞。

要想證明這一點，還得運用《説文解字》。《説文·十二上·耳部》：“職，記微也。”“記”是記録，也是標誌。“微”是旗子。

《詩·豳風·東山》：“制彼裳衣，勿士行枚。”《毛傳》：“枚，微也。”

“行枚”即軍隊，“行”是“行列”。“微”即“徽”的借字，是軍旗：

《周禮·春官·司常》孫詒讓疏説：“徽即徽號識者。《詩經·小雅·六月》云：‘織文鳥章’，鄭箋云：‘織，徽織也。’賈(公彦)疏引詩箋作‘識’。‘徽’字《説文·巾部》作‘微’。‘微’、‘識’正字，‘徽’、‘織’借字，‘識’，俗又作‘幟’。”

“職”訓“微”，即“徽”，其意由“旗”而來。“旗”這個意義後來專造“幟”字記録它，而《説文》無“幟”字，“識”是它的古字。例如：

《釋名·釋言語》：“識，幟也。有章幟可按視也。”

《説文·三上·言部》：“識，常也，一曰知也。”(“常”即旗。《周禮・春官》“司常”,鄭玄注:“司常,主王旌旗。”)

“識”是旗,用旗標誌也叫“識”:

《禮記・檀弓》:“故以其旗識之。”

《漢書・王莽傳》:“訖無文號,旌旗表識。”

《史記・封禪書》:“文鏤無款識。”《索隱》:“識猶表識。”

這些都證明“識”是旗。旗在古代是官級職務的標誌。如:

《周禮・春官・司常》:“及國之大閱,贊司馬頒旗物。王建太常,諸侯建旂,孤卿建旜,大夫士建物,師都建旗,州里建旟,縣鄙建旐,道車載旞,斿車載旌。”鄭玄注:“仲冬教大閱,司馬主其禮,自王以下治民者,旗畫成物之象。”

《禮記・覲禮》:“公侯伯子男皆就其旗而立。”

可見旗以所畫之物象來區別官級,因此可作爲各種職務的標誌。“職”即由“識”分化出來專作“官職”之稱。“職”訓“主”、訓“常”、訓“業”都是“官職”的引申義。

“志”在《説文》中訓“意”,是徐鉉補入《説文》的十九文之一。它與“識”的關係也很密切:

《禮記・禮運》:“大道之行也,與三代之英。丘未之逮也,而有志焉。”鄭玄注:“志謂識之古文。”

《周禮・春官・保章氏》:“掌天星以志星辰日月之變動。”鄭玄注:“志,古文識。”《禮記・哀公問》:“子志之心也。”鄭玄注:“志讀爲識。”

漢石經《論語》:“賢者志其大者,不賢者志其小者。”

《漢書·劉向傳》引此文“志”作“識”。

《左傳·昭公四年》:“且日志之。”注:“志,識也。”

《漢書·溝洫志》:“贊曰:多聞而志之。”注:“志,識也。”

可見“志”與“識”本是一個字。所以“志”也可直接當旗講:

《禮記·檀弓》:“公西赤爲志焉。”注:“志謂章識。”(言孔子之喪,公西赤充當儀仗隊,打旗。)

《史記·叔孫通傳》:“張旗志。”《集解》:“志,一作幟。”

也有“職”與“志”連用作旗講的:

《史記·張丞相列傳》:“周昌爲職志。”《索隱》:“志,旗幟也。”

在戰争中,旌旗是用作指揮的,它代表將帥的意向,所以分化成另詞作“意志”講,字專寫作“志”。

綜上所述,我們可以清楚地看到,“職”、“志”以及後出的“幟”、“誌”都是旌旗之義分化出來的,確爲音近義通的同源字。

# “時”、“待”同源説

《訓詁簡論》[1]第一版“訓詁的運用”一節中，曾談到《論語·陽貨》“時其亡也而往拜之”中的“時”是“待”字的假借。該書再版時，擬將“時”是“待”字的假借，改爲“時”與“待”通用，或“時”與“待”同源。這篇文章想就這一點作些説明。

“時”在古代文獻中當“待”講的證明很多。如：

> 《周易·歸妹》“九四爻辭”：“歸妹愆期，遲歸有時。”虞翻曰：“震春、兑秋、坎冬、離夏，四時體正，故歸有時也。”王弼曰：“愆期遲歸，以待時也。”王引之《經義述聞》：“家大人曰：‘時’當讀爲‘待’。經言歸妹愆期，遲歸有待。故傳申之曰愆期之志，有待而行也。”
>
> 《周易·雜卦傳》：“大畜時也，无妄灾也。”韓注：“因時而畜，故能大也。”《經義述聞》：“卦象多言時義，何獨於大畜而曰因時？此非經意也。‘時’當讀爲‘待’……大畜待也者，天灾將至，大畜積以待之也。”

王引之還引《易緯坤靈圖》和《乾元序制記》的叙述作爲此説的參考。王氏父子對《周易》這兩條的解釋是正確的。除此之外，“時”與“待”的關係，還可以提出以下佐證：

---

① 《訓詁簡論》，陸宗達著，北京出版社出版。

《周易·蹇卦》“象傳”:“宜,待也。”張璠本“待”作“時”。

《禮記·月令》:“毋發令而待。”《吕氏春秋》作“無發令而干時。”

《方言》:“萃、離,時也。”《廣雅》作“崒、離,待也。”

凡此種種,都可見“時”、“待”二字不但可以互訓,字也多通用。

但是,“時”與“待”究竟是什麽關係呢?王氏父子認爲它們是假借關係,這個説法比較含混。王氏父子的“假借”,實際上包含兩類情況,一類是同音借用字,即偶然同音之字的互借,故音同而義殊;另一類是同源通用字,即記録同一語根派生詞的字互通,故音近而義通。這兩類情況是本質不同的兩種現象。王氏父子將它們混爲一談是不妥的。“時”與“待”的情況屬後者,不屬前者。

“時”與“待”均從“寺”得聲,古韵都在“咍”部(段玉裁第一部)。“待”屬“定”紐,“時”屬“禪”紐。按古聲紐“照”系歸“端”系的規律,“禪”紐在上古音韵中恰可歸“定”紐,所以二字上古同音。從意義上看,《説文·二下·彳部》:“待,竢也。”《十下·立部》:“竢,待也。”“竢”、“待”互訓,它們的基本詞義是“止”:

《爾雅·釋詁》:“止,待也。”又“止、待,逗也。”

《論語·微子》:“齊景公待孔子。”《史記·孔子世家》作“止孔子”。

《國語·魯語》:“其誰云待之。”《説苑·正諫篇》作“其誰能止之”。

這些都可證明“待”與“止”同義。古代詞義中,空間與時間的概念是相通的。空間之止曰待，今普通話讀 dāi。待的地方叫"址"——"址"即"止"的後出字。時間之止曰"時"。《説文·七上·日部》："時，四時也。"四時就是一年之中四季停留的時段。今天"等待"的"待"普通話讀 dài，也是等到某時的意思。"時"也與"處"相通：

> 《莊子·逍遥游》："猶時女也。"司馬彪注："時女猶處女也。"

從"時"訓"處"也可看出時間、空間義相通。再從"時"的同源字看：

> 《説文·一下·艸部》："蒔，更别穜也。"
> 《方言》："蒔，更也。""蒔，立也。"
> 《廣雅·釋地》："蒔，種也。"
> 《虞書》："播時百穀。"（"時"即"蒔"）

這個"蒔"，是將育好的苗均匀地插在地裏，也就是移苗。苗待的地方叫"蒔"。

> 《説文·十三下·土部》："塒，鷄棲垣爲塒。"
> 《詩經·王風·君子于役》："鷄棲于時。"《釋文》："本亦作塒。"

"塒"是鷄夜晚待的地方。"蒔"與"塒"都是"時"的孳乳字，都與"待"義通。

由此可知，"時"與"待"不但字同聲旁，音同韵紐，而且義也相通，并且在古書上經常通用。它們不是偶然音同的同音借用字，而是音近義通的同源通用字。

# 談“祈”與“乞”

“祈”字甲文作[illegible],金文作[illegible],即“旂”的本字,義爲軍旗。義轉爲“要求”、“希望”。“祈”與“覬”同源。《説文·八下·見部》:“覬,饮,幸也。”又“覦,欲也。”《廣韵》説:“覬覦,欲得也。”它的同音字還有“乞欲”。《説文·八下·欠部》:“饮,幸也。”又:“欲,貪欲也。”段玉裁説:“饮與覬音義皆同,今字作冀。”他的意思是説:“饮”與“覬”是異部重文,“冀”是它們的借字,又借作“幾”:

《離騷》:“冀枝葉之峻茂兮。”

《左傳·宣公十二年》:“王曰:其君能下人,必能信用其民矣。庸可幾乎?”《釋文》:“幾音冀。”

可見“祈”、“覬”、“饮”(借作“冀”、“幾”)都同源,只是“祈”字專用作向神求福而已。

要求叫祈,滿足了要求也叫祈。所以“祈”和“豈”也同源。《説文·五上·豈部》:“豈,還師振旅樂也。一曰欲也,登也。”(登是梯子。“豈”訓“登”是假借字)《公羊傳》説:“出曰祠兵,入曰振旅。”“振旅”就是得勝回來獻功,也就是達到了原來的希望。《左傳·成公十六年》:“韓之戰,惠公不振旅;箕之役,先軫不反命;邲之師,荀伯不復從;皆晋之耻也。”從上下文看,“不振旅”就是未能打勝仗,也就是希望未能實現。“豈”訓“振旅”,即滿足要求、實現希望。

“祈”又音轉爲“殷”。“殷”在“痕”部,“祈”在“灰”部(“祈”從“斤”,“斤”又在“痕”部)“灰”與“痕”對轉。“殷”从“㐆”,《説文・八上・㐆部》:“㐆,歸也。”又“殷,作樂之盛稱殷。”所以“殷”是軍旅凱旋歸來振旅之樂,也包含着實現希望的意義。

要求得到了滿足自然快樂,所以“訢,喜也。”(《説文・三下・言部》):“忻,闓也”(《十下・心部》)、“闓,開也。”(《十二上・門部》)、“愷,樂也”(《十下・心部》),都是“祈”的同源字。

“乞”與“祈”音義均同。從“覬”與“欯”的關係看,“乞”與“祈”也應是同源字。但在文字上,“乞”與“氣”有意義互换的情況。《説文・一上・气部》:“气,雲气也。”隸變爲“乞”。它的本義是“雲气”。《説文・七上・米部》:“氣,饋客芻米也。”重文爲“槩”和“餼”,即“子貢欲去告朔之餼羊”之“餼”,也就是“齊人來餼諸侯”的“餼”。意思是“饋贈”、“給予”。在文字的發展中,“氣”代替了“乞”,“乞”有了“給予”義,引申而有“乞求”義;而“乞”代替了“气”,“气”反而有了“雲气”之義。這種現象叫作文字職務的互换。

“乞”代替了“气”,而有了“給予”的意思。這個意義在漢文、唐詩中仍保留着:

> 《漢書・朱買臣傳》:“糧用乏,上計吏卒更乞丐之。”又“居一月,妻自經死,買臣乞其夫錢,令葬。”
>
> 杜甫《戲簡鄭廣文兼呈蘇司業詩》:“賴有蘇司業,時時乞酒錢。”

在《漢書》的兩段話裏,第一段話“上計吏”是管向上報帳的官吏,“卒”是上計吏的卒,“更”是輪流。“乞丐”是贈送,“之”代朱買臣。第二段話説的是朱買臣的妻子已經改嫁,她死後,朱買臣給她夫一筆錢,作爲埋葬費。兩段話裏的“乞”字都當“給予”講。在杜甫詩裏,“乞酒錢”不是向人要酒錢,而是給别人酒錢。

給予叫乞,要求也叫乞,這在傳統訓詁學裏叫作“施受同詞”,其實就是一種施受的引申。“乞”的“給予”義後世很少使用,“乞求”成爲常用義。這個意義在秦典籍裏也是常用的。如:

《論語·公冶長》:“乞諸其鄰而與之。”

《孟子·告子》:“蹴爾而與之,乞人不屑也。”

《左傳·隱公四年》:“諸侯復伐鄭,宋公使來乞師。”

《左傳·僖公八年》:“鄭伯乞盟,請服也。”

《禮記·内則》:“不通乞假。”

在這些句子裏,“乞人”是求討之人,即今要飯的,“乞師”是求救兵,“乞盟”是要求談判,也就是求和,“乞假”是求借貸。“乞”都當“要求”講。

“祈”與“乞”的基本意義都是“求”,只是“祈”的意義只用於“祈禱”、“求福”,較爲狹窄。“乞”的意義則寬泛一些。在現代漢語裏,它們已都不如“求”字用得廣泛了。在閱讀古代文獻時,還應特别注意“乞”的“給予”義,不要一味附會今義而把文意弄反。

# “玩”、“翫”、“忨”辨

在古代文獻中,“玩”、“翫”、“忨”三字常常互相通用。它們都从“元”得聲,意義上都含有不正當的喜愛的意思。它們同源通用,意義又接近,似乎很難分辨。但從文意上考察,仍可以看出它們的區别:

“玩”是“玩弄”、“把玩”,語源出於“毌”。古代“毌”、“貫”、“串”是一字,象穿寶貨之形,故孳乳爲“玩”。所謂“狎而玩之”,所謂“玩物喪志”,都應寫“玩”。較典型的用法如:

《國語·吴語》:“將還玩吴國於股掌之上。”

《淮南子·精神訓》:“玩天地於掌握之中。”

《荀子·大略篇》:“玩好曰贈。”

這些“玩”都有“玩弄”、“戲耍”之義。

“毌”訓“持”,將寶貨穿在一起,便有“持續”的意思,一件事重複往返,持續既久,就容易習慣,這個意義寫作“翫”。“翫”訓“習猒也”。“習”是習慣,“猒”是厭足、厭飽。古人把吃飽飯當成是生活安定的重要問題,所以《左傳》有“唯食忘憂”之説。因此,厭飽之義又可引申爲安定之義。“懕,安也”也源於此。“翫”訓“習猒”,也就是習慣於安寧的環境,不自戒慎,麻痹大意。凡這種意義,都應寫“翫”。如:

《左傳·僖公五年》:“晋侯復假道於虞以伐虢。宫之奇諫曰：‘虢，虞之表也。虢亡，虞必從之。晋不可啓，寇不可翫，一之謂甚，其可再乎？”

“寇不可翫”就是對敵人不能够麻痹大意、掉以輕心、苟安一時。

“玩”既是“玩弄”（動詞），又是“玩物”（名詞），人喜愛玩物，故引申爲貪。這個意義應寫作“忨”。“忨”訓“貪”。這一意義最典型的用法如：

《左傳·昭公元年》：“對曰：‘鍼聞之，國無道而年穀和熟，天贊之也，鮮不五稔。’趙孟視蔭曰：‘朝夕不相及，誰能待五？’后子出而告人曰：‘趙孟將死矣！主民，翫歲而愒日，其與幾何？”

意思是説，一個統治人民的人應當有遠大的圖謀，而趙孟却貪婪於一歲一日短暫的順利，所以他離滅亡不遠了。這裏的“翫歲”，《國語·晋語》作“忨歲”，是用的本字。在文獻裏，“忨”字很少用，除用“翫”字外，有時還寫作“玩”。如：

《左傳·昭公二十六年》：“侵欲無厭，規求無度。”

“玩”應是“忨”，當“貪婪”講。“忨”有時還寫作“頑”。如：

《孟子·萬章》：“故聞伯夷之風者，頑夫廉，懦夫有立志。”

“頑夫”即“貪夫”，應寫“忨”。

可見“玩”、“翫”、“忨”三字本當有分工，但在分化初期，分工尚不嚴密，互相可以通用，在辨析句意時，要仔細區别，謹防混淆。

# 談"台"及其有關的字與詞

《説文》有"台"字,讀以轉切(yǎn),當"山間淹泥地"講。但這個字古代文獻不用,古代文獻寫作"沇",也就是後來的"兖"字。"沇"後來專作水名,出河東東垣王屋山,東爲泲水,入海。以水命州名,又制"兖"字。《水經》的説法與《説文》同。徐鍇以《禹貢》證明沇水流域的兖州是古代的農業豐産區,所以《説文》説是"九州之渥地"。

"沇"和"兖"多借"衍"用之。例如:

> 《水經·濟水注》:"一水東南流,俗謂之爲衍水。"
>
> 《左傳·襄公二十五年》:"井衍沃。"杜注:"衍沃,平美之地,則如周禮,制以爲井田,六尺爲步,步百爲畝,畝百爲夫,九夫爲井。"《釋文》:"下平曰衍,有溉曰沃。"
>
> 《周禮·大司徒》:"辨其山林川澤丘陵墳衍原隰之名物。"

《水經》所説的"衍水",就是沇水,《左傳》所説的"衍沃",就是低平濕潤的土地,也就是渥地。"衍"就是"沇"。而《大司徒》以"墳"與"衍"相用,"墳"指高地,"衍"指低窪的平地。可知"台"訓"山間淹泥地"的具體含義。蓋兩山之間必有川,水流過後,淤泥沉澱下來,形成平原,所以土地肥沃潤澤。甲骨文"衍"字作[illegible],正象此形。《玉篇·口部》引《説文》作"山澗陷泥地","澗"

正是兩山之間所夾的川。所以“𠔌”派生出“沿”字,水從兩山之間流過,兩山就變成了河沿。

“𠔌”雖然發展成了專有的川名、州名,但它的義訓很值得重視。“𠔌”字的常用義有三:

第一,“𠔌”訓“澤”。“𠔌”在“寒”韵,對轉“曷”韵爲“兑”,《易經·兑卦》:“兑爲澤。”《楚辭·憂苦》:“巡陸夷之曲衍兮。”王逸注:“大阜曰陸;夷,平也;衍,澤也。”“衍”即“𠔌”。

第二,“𠔌”訓“道路”。“𠔌”字从“口”,“口”是山谷之口,“八”爲水敗貌。水敗即谷中之水流乾而露出下面的泥地,也就是隧。“隧”即《説文》的𨸏,象兩阜之間,也就是山澗,引申凡地下之道都叫隧。如《左傳·隱公元年》“若闕地及泉,隧而相見,其誰曰不然。”“隧”在“曷”韵,也與“𠔌”韵對轉。而隧又稱“羨道”。《周禮·冢人》:“以度爲丘隧。”注:“羨道也。”《周禮·大祝》有“九祭”,其一是“衍祭”,鄭司農説:“衍祭,羨之道中,如今祭殤無所主命者。”殤是死於非命的人,因此没有主。可見“衍”即“羨”,也即“隧”。“衍祭”就是在隧道中祭。在古代文獻中,反映“𠔌”、“衍”、“羨”、“隧”、“兑”同義的語言很多,如:

《史記·衛世家》:“共伯入釐侯羨,自殺。”《索隱》:“羨,墓道也。字亦作埏,又作延。”

《左傳·襄公十八年》:“夙沙衛連大車以塞隧而殿。”

《左傳·文公十六年》:“楚子乘馹會師於臨品,分爲二隊,子越自石谿,子貝自仞,以伐庸。”

《左傳·哀公十三年》:“越子伐吴,爲二隧。”

《詩經·大雅·緜》:“行道兑矣。”《毛傳》:“兑,成蹊也。”

《衛世家》的"羨"訓"道",《左傳》的"隊"即"隧",也是道路,"二隧"即分爲兩條路,可見"隧"引申爲凡道路之稱。《緜》中的"兑"訓"成蹊",成蹊就是踏出了一條通路,所以"兑"也是道路。

第三,"㕣"訓"通行"。《説文・十一上・水部》:"衍,水朝宗於海也。"朝宗於海的水即是流動通行的水。《易・需卦》:"衍,在中也。"虞翻注:"流也。"《太玄》:"斡水直衍。"注:"達也。"可見"衍"就是"通達"。由"道路"之義引申爲"通達"之義是很自然的。"兑"與"衍"同源,也有"通達"之義。如《老子》:"閉其門,塞其兑。""門"與"兑"相對而言,都是通行之處。而且,從"兑"之字也有與"通行"義相通的。如"説"是以語言通達思想,"悦"是心情通達開朗。《説文・十上・馬部》:"駾,馬行疾來貌。"馬走了很快就回來,當然也是通行無阻。這都間接反映"㕣"的引申義。

綜上所述,"㕣"的三個義訓涉及到的字詞很多,所以,"㕣"字雖於古於今均非常用字,但在訓詁上仍然大有探求的必要。

# "名"、"命"、"明"、"鳴"義相通説

小學生用字,常會把"名"、"命"、"明"、"鳴"用混;特别是"莫名其妙",常要寫成"莫明其妙","鳴不平"又要寫成"明不平",老師糾正起來,總感困難。其實,這怪不得小學生,因爲"名"、"命"、"明"、"鳴"這些字意義本是相通的。

許慎《説文》訓"名"爲"自命",這是説,"名"和"命"在古代用起來是不分的。例如:

《左傳·桓公二年》:"師服曰:異哉,君之名子也。夫名以制義,義以出禮,禮以體政,政以正民。是以政成而民聽,易則生亂。嘉耦曰妃,怨耦曰仇,古之命也。今君命大子曰仇,弟曰成師,始兆亂矣,兄其替乎?"

《左傳·閔公元年》:"今名之大以從盈數。"《史記·魏世家》作"今命之大"。

《史記·天官書》:"免七命。"《索隱》:"謂免星凡有七名。"

《禮記·祭法》:"黄帝正名百物。"《魯語》作"成命百物。"

在這些地方,不論是同一典籍的一段文章中的用詞,還是不同典籍中相同字句的異文,都以"命"和"名"通用。這是因爲,"命"和"名"的意義,都是"口中之稱",本可互相置换。

醫書中有"命門"。《靈樞經·根結》:"太陽根於至陰,結於命門。命門者,目也。"又《衛氣》:"足太陽之本在跟以上五寸中

標在兩絡命門。命門者,目也。""命"爲"目",而"名"亦爲"目":

> 《詩經·齊風·猗嗟》:"猗嗟名兮。"《毛傳》:"目上爲名。"
>
> 《爾雅·釋訓》:"猗嗟名兮,目上爲名。"
>
> 《晉書音義》:"名,目也。"

今天還有"名目"之説。"目上爲名"就是醫書的"命門"。

而"名"的真正意義應該是標明。《釋名·釋言語》説:"名,明也,名實使分明也。"《荀子·正名》説:"故王者之制名,名定而實辨。"《莊子·逍遥游》:"名者實之賓也。""實"是一切客觀存在的事物,"名"則是標明各客觀事物使之可以相别的東西。所以,"名"也就是語言單位,今謂"詞",古謂"名",也謂"字"。觀古代訓詁大師的闡述,尤爲分明:

> 《周禮·春官·外史》:"掌達書名于四方。"鄭玄注:"或曰:古曰名,今曰字,使四方知書之文字得能讀之。"
>
> 《儀禮·聘禮記》:"百名以上書於策,不及百名書於方。"鄭玄注:"名,書文也,今謂之字。"

可見古代"名"即字,而字也就是詞。"名"是用來明"實"的,也就是説,語言的詞,是客觀實際的信號和標誌。古人也早就弄清了這一點:

> 《周禮·大司馬》:"辨號名之用。"注:"號名者,徽識所以相别也。"

相别則明,凡是用作標誌的東西都有"明"義。古代的茅標誌神位,而楚國以茅爲旌識,所以《爾雅·釋言》説:"茅,明也。""名"

的本義起於"標明",由此不是看得很清楚了嗎?

古代對成段的話也叫名,後出"銘"字。段玉裁説:"《祭統》曰:夫鼎有銘,銘者,自名也。"鐘鼎器物上的銘,就是用一段話來標誌那個器物製造的緣由的,因此"銘"就是"名"。"銘"字見於《周禮故書》,《士喪禮》古文也有"銘"字,今文則作"名"。而《説文》不收从"金"的"銘"字,是認爲"銘"、"名"本一字。

"名"和"鳴"也是相通的:

> 《春秋繁露·深察名號篇》:"古之聖人,鳴而命施謂之名。名之爲言鳴與命也。"
>
> 《夏小正》:"鳩則鳴。"傳:"鳴者相命也。"

所謂"鳴而命施",就是説人的語言如同鳥的鳴聲,都是用聲音加給事物一個名字。還可以用"號"來從側面説明之。《説文》:"號,呼也。""呼"就是招呼,用聲音招呼作爲標誌就是名號。"號"和"名"雖然不是一個語源,但却同義。古代"命"與"令"是一字,而"令"訓"發號",所以"號"和"命"也一義。"鳴"是鳥叫,"咩"是羊叫,"咩"與"名"、"命"也是一語之孳乳。

所以,"名"、"命"、"明"、"鳴"乃音近義通的同源字,古代互訓、互用,今之詞義也未區别明顯,何怪小學生寫錯别字呢?

# “戲”、“麾”、“和”、“綏”皆旗説

《史記・項羽本紀》:“諸侯罷戲下。”近人或謂戲爲戲水,“戲下”是戲水之下。這個解釋,是不够妥當的。“戲”在這裏應該是軍旗。《説文・十二下・戈部》:“戲,三軍之偏也。”《左傳》可以説明什麽是“偏”:

《左傳・桓公五年》:“先偏後伍。”杜預注引《司馬法》説:“車戰,二十五乘爲偏。以車居前,以伍次之。”

根據《司馬法》,“偏”是戰車的編制。春秋時代是以車戰爲主的,所以偏是戰作的主力。元帥將中軍,車上有旗有鼓,是指揮作戰的號令。如《左傳・桓公五年》記鄭莊公對抗周桓王的戰役中,鄭莊公將中軍,在臨戰時,“命二拒(左軍右軍擺成的兩個方陣)曰:旝動而鼓”。杜預注:“旝,旃也,通帛爲之,蓋今大將之麾也,執以爲號令。”——“旝動而鼓”就是看大旗一動就鳴鼓進攻。《説文》“戲”字訓“三軍之偏”,就用這種在作戰時立在戰車上的大旗來標誌三軍。在軍營中,這種大旗從戰車上取下來立於軍門。《漢書》上也有“戲”是旗的明證:

《漢書・高帝紀》顔師古注:“戲,謂軍之旌麾也。”

《漢書・竇田灌韓傳》顔師古注:“戲,大將之旗也。讀與麾同。”

可證“戲”有兩讀,一讀,即“嬉戲”之“戲”;一讀 huī,等於“麾”

字。“於戲”可以讀“嗚呼”，“戲”讀 huī 也就不奇怪了。“麾”字《説文》作“摩”。《十二上・手部》：“摩，旌旗所以指麾也。”大將用軍旗指揮軍隊謂之摩，立旌旗於軍門作爲標誌謂之戲，實際上都是一回事。所以《史記》上的“諸侯罷戲下”，“戲下”就是軍門的軍旗所在，在這裏借代爲主將的軍營。

怎麼知道軍旗是立在軍門呢？首先要知道軍門叫作“和”：

> 《周禮・夏官》：“以旌爲左右和之門。”鄭玄注：“軍門曰和，今謂之壘門，立兩旌以爲之。”

軍門正因樹起大旗而叫“和”。“和”與“摩”古代都在“匣”紐“歌”韵。“和”即“摩”的聲借字。

> 《國語・吴語》：“還軍接和。”
>
> 《孫子・軍争篇》：“交和而舍。”魏武帝注：“軍門爲和，兩軍相對爲交和。”

所謂“接和”、“交和”就是在作戰時兩軍指揮作戰的旗幟相接相交，所以“接和”、“交和”又是兩軍交鋒的軍事用語。

怎麼知道“交和”是旗幟相交呢？這可以用“交綏”這個詞來證明。什麼是綏？

> 《禮記・明堂位》：“夏后氏之綏。”鄭玄注：“綏當爲緌。緌謂注旄牛尾於杠首，所謂大麾。”

可知鄭玄是以緌爲綏的。至於他所謂“綏當爲緌”，實際上“綏”與“緌”是一個字。從義訓上看，《説文・十三上・系部》“緌”訓“系冠纓”，“綏”訓“車中把也”，兩個字是不同的。但是，從字音上看，緌與綏是同音字；從字形上看，《説文》雖不見“妥”字，實際

“妥”是“委”的異體字。因爲“委”從禾聲，而“妥”字上半之爫，乃象禾稼之穗（《説文》“穗”字作𥝢可證）。那麽，禾字篆文作禾，其上端之“つ”，就是禾穗之形，因而禾也是可以寫成禾的，這就説明“緌”與“綏”都是从禾得聲的，本來是一個字，後來才發生了意義上的變化。我們根據鄭玄的注解，也就可以知道“綏”、“緌”都可以作爲“麾”、“和”的聲借字。所以，“交和”就是“交綏”。

“綏”字當旌旗講，還有許多例證：

> 《禮記·曲禮上》：“武車綏旌。”
>
> 《司馬法》：“將軍死綏。”

前句“綏”與“旌”連用，其實是同義詞。後句“死綏”是因綏而死，“綏”也是旌旗。因爲將軍是用旗指揮軍隊的，在作戰當中，如果失去大旗，軍隊就失去了指揮，必然會潰敗。正如《左傳·成公二年》所説：“師之耳目，在吾旗鼓。”因此，將軍必須與大旗共存亡。司馬遷在《報任少卿書》中有“斬將搴旗”一語。“搴”訓“取”、訓“拔”。“搴旗”就是拔旗。司馬遷把“斬將”與“搴旗”並論，也説明旗是將的標誌。《荀子·議兵篇》也曾説：“將死鼓，御死轡，百吏死職，士大夫死行列。”這就是説，戰者當死於自己的崗位。鼓與旗都是軍中的號令，由此可知“將軍死綏”與“將死鼓”同義，都是説將帥應死於自己指揮的崗位。

過去也有人把“交綏”這個詞講錯。《左傳》記秦晋戰爭，有這樣一段話：

> 《左傳·文公十二年》：“十二月，戊午，秦軍掩晋上軍。趙穿追之，不及，反。怒曰：‘裹糧坐甲，固敵是求。敵至不擊，將何俟焉？’軍吏曰：‘將有待也。’穿曰：‘我不知謀，將獨

出。’乃以其屬出。宣子曰:‘秦獲穿也,獲一卿矣!秦以勝歸,我何以報?’乃皆出戰交綏。”

此處的“交綏”即“交和”、“交”,就是秦晋兩軍交戰。可是杜預注却認爲交綏是退軍。他説:

《司馬法》曰:“逐奔不遠,從綏不及。逐奔不遠則難誘,從綏不及則難陷。”然則古名退軍爲綏。秦晋志未能堅戰,短兵未至争而兩退,故曰交綏也。

《司馬法》這兩句話,以“逐奔”與“從綏”對言,所以“綏”字可以訓“退”。而《左傳》這裏寫的是“交綏”,如果是退軍,又怎麽能交?再從秦晋交戰的情况來看。當時晋方趙盾(宣子)將中軍,臾駢佐上軍。臾駢是趙盾新提拔的人,他主張“深壘固軍以待之”。趙穿是趙盾的從父昆弟(見韋昭《國語注》),又是晋君的女婿,年輕有寵,不懂軍事,好勇而狂,他對趙盾提拔臾駢非常不滿,怨趙盾采用了臾駢的主張,所以率其屬獨自出戰。趙盾怕趙穿被秦軍俘虜,所以三軍“皆出戰交綏”。也就是和秦軍交鋒。這種情况與宣公十二年晋楚邲之戰是很相似的。在那次戰争中,彘子没有得到主將荀林父的允許就獨自率軍渡河迎擊楚軍。於是韓獻子對荀林父説:“彘子以偏師陷,子罪大矣。”荀林父爲了使更多的人分擔罪責,“師遂濟”,三軍都渡河作戰。以此證彼,可知在秦晋戰争中,也是三軍都出戰的。交綏就是兩軍交鋒,絶對不是退軍。

綜上所述,“戲”、“麾”、“和”、“綏”都是軍旗,通過聲音綫索,便可清楚地瞭解它們在文字訓詁上的關係。知道這一點,對我們閲讀古代文獻時瞭解古代戰争,是很有用處的。

# “言”與“語”辨

“言”與“語”都有“説話”的意思,一般認爲是同義詞。從現代漢語的習慣來看這兩個詞,幾乎没有什麽區别,因此也很少有人來辨析它們。其實,這兩個詞在用作動詞時有着完全不同的詞義特點,在先秦的古代文獻里區别是比較明顯的。古代的注釋書和訓詁專書很早就注意到它們的區别。辨析得最清楚也最確切的一是毛亨的《詩經詁訓傳》:

> 《詩・大雅・公劉》:“于時言言,于時語語。”《毛傳》:“直言曰言,論難曰語。”

許慎的《説文解字・三上・言部》也采用了這個説法。這裏的“論難”,《毛詩正義》本作“答難”,《藝文類聚》十九、《太平御覽》三百九十皆引作“論議”,都突出了“語”的特點是回答别人的問題或與人互相對答。

另一是鄭玄的《禮記注》:

> 《禮記・雜記》:“三年之喪,言而不語,對而不問。”鄭注:“言,言己事也,爲人説爲語。”孔穎達疏:“謂大夫、士言而後事行者,故得言己事,不得爲人語説也。”

這就是説,主動説話叫作“言”,與人相對答才是“語”。《禮記・間傳》“斬衰唯而不對,齊衰對而不言”,是以“言”與“對”相對而言,就等於以“言”與“語”相對而言。也可证“言”是主動説話。

“言”與“語”在作動詞時的這種區别,在先秦古籍裏表現得非常明顯。以《論語》爲例。《論語》中用“語”作動詞的地方並不多,大都有“回答”、“對答”或“爲他人説”的意思。如:

《雍也》:“中人以上,可以語上也,中人以下,不可以語上也。”

《述而》:“子不語怪、力、亂、神。”

《子罕》:“語之而不惰者,其回也與。”

這幾段話中,“可以語上”和“不可以語上”,是指能不能回答或與他們議論高、難的問題。“子不語怪、力、亂、神”,是説孔子不回答“怪、力、亂、神”這樣的問題。《先進篇》中,“季路問事鬼神,子曰:‘未能事人,焉能事鬼。’‘敢問死。’曰:‘未知生,焉知死。’”正是表明孔子是不回答這類問題的。《子罕》一段是説顔回好學,跟他討論學問是不知倦怠的。這些地方都顯示了“語”在作動詞時的詞義特點。而“言”字的情况則與“語”很不相同。《論語》中的“言”許多與“行”相對。也就是説,當不强調説話時的具體狀况,僅僅泛泛地表示説話,一般用“言”、而不用“語”。這時,“言”是名詞,意義也比“語”寬些。同時,“言”在作動詞用時,又顯示出它獨有的特點,那就是强調説話人的主動性。如:

《微子》:“孔子下,欲與之言。趨而辟之,不得與之言。”

《陽貨》:“子曰:‘予欲無言。’子貢曰:‘子如不言,則小子何述焉?’子曰:‘天何言哉? 四時行焉,百物生焉,天何言哉?’”

《季氏》:“侍於君子,有三愆,言未及之而言,謂之躁;言及之而不言,謂之隱;未見顔色而言,謂之瞽。”

在這三段話裏,《微子》一段是叙述孔子遇見楚狂接輿的情況。楚狂接輿不準備和孔子交談,是孔子主動找他談話,他避開了。《陽貨》一段是孔子與子貢的對話。孔子説他不準備再説什麽了。這裏的"言"是指主動陳述自己的主張。所以子貢才説:"您要是不發表什麽言論,我們可複述什麽呢?"下文"天何言哉",也是感嘆"天"從不主動發言,只是默默地操縱着四時的運動和百物的生長。《季氏》一段是講説話時要選擇合宜的時機。文中三個作動詞的"言"更是指主動發話無疑了。

如果從"言"與"語"詞義的引申發展和它們的同源字來考察,更可見其區别:

"言"從它主動説話的詞義特點出發,發展爲"詢問"的意思。

《禮記·曾子問》:"召公言於周公。""言"是"問"。

《禮記·曲禮》:"凡爲君使者,已受命。君言,不宿於家。"鄭注:"言,謂有故所問也。"

這裏是説怕君有事詢問,所以"不宿於家"。從"詢問"的意思又發展到"慰問",因而派生出"唁"字。"弔唁"者,"弔"是憑弔死者,"唁"是慰問生者。而"語"的"對答"義與"對抗"、"對應"的意義又有相通之處。它的同源字"敔"、"铻"就當"抵禦"、"對抗"講,"晤"則當"對應"講。"言"向"問"的方向引申,"語"向"對"的方向引申,源異義遠,昭然可見。

"言"與"語"的這種區别不是絶對的。一般説,在用作名詞時,二者可以相通。即使在用作動詞時,也不是每次必强調它們不同的詞義特點。到了後代,"言"與"語"各自的特點又有所磨損,二詞的詞義距離逐漸縮小了。但是,在漢以後的文言文作品中,很多地方"言"與"語"不同的詞義特點還極爲顯著,只有認真

辨析出它們的差異,按其詞義的特點來講解,才能對文意有更深的領會。且以中學語文課本中的幾處爲例:

> 《鴻門宴》(《史記》):“沛公左司馬曹無傷使人言於項羽曰:‘沛公欲王關中,使子嬰爲相,珍寶盡有之。’”
>
> “此沛公左司馬曹無傷言之,不然,籍何以至此?”
>
> 《公輸》(《墨子》):“公輸盤曰:‘不可,吾既已言之王矣。’”
>
> 《廉頗藺相如列傳》(《史記》):“臣舍人相如止臣曰:‘君何以知燕王?’臣語曰:‘臣嘗從大王與燕王會境上,燕王私握臣手曰:“願結友。”以此知之,故欲往。’”
>
> 《核舟記》(魏學洢):“蘇黄共閲一手卷。東坡右手執卷端,左手撫魯直背。魯直左手執卷末,右手指卷,如有所語。”

以上五處,“言”與“語”不同的詞義特點都得到了充分的顯示:《鴻門宴》前後兩段話説的是同一件事,只是前段直叙,後段是項羽的答話。曹無傷派人到項羽處去傳送情報,不是奉命,也不是受託,而是主動去説的,所以用“言”。而這件事到了項羽口中,爲了向劉邦解釋自己産生“擊破沛公軍”的念頭的緣由,則更需强調是劉邦内部的人主動來説的,就更得用“言”。《公輸》一段話,公輸盤告訴墨子,自己已經把製作雲梯成功的消息報告王了,“言”是主動地報告。以上這三個“言”,都不宜换作“語”。而《廉頗藺相如列傳》一段分明是繆賢回答藺相如“何以知燕王”的提問,非用“語”不可。《核舟記》的一段,從蘇、黄的姿勢可以看出他們是在互相議論書中的問題,是互相應答。只有把“如有所語”的“語”的詞義特點解釋得明明白白,才能表達二人説話的神情。後面這兩段話中的“語”,又是絶不能换作“言”的。由此可見,“言”與“語”的詞義特點不可不掌握,二詞的差異不可不辨析。

在文言文閲讀或教學中,越是常用詞,越應當留意古今詞義的差别,探求它們在古代文獻中顯現出的詞義特點。而有些現代漢語中意義没有多大差别、在古代文獻中又貌似同義的詞,往往僅在一個側面上見其同,却在更重要的地方顯其異,則更需認真辨析。在解决這些問題時,要充分運用前人的訓詁材料,以免以今天的語義附會古義,影響對文意的正確、深入的理解。

# 從"除"與"守"看古今詞義的微殊

詞義由古至今,歷千百年之發展變化,有些確已面目全非,引申軌迹難以尋求了:也有些古義與今義粗看似乎無別,仔細探討差異却在微處。在文言文閱讀中,前一類問題不難解决,因爲只要確爲同一個詞的發展,變化不論多大,皆萬變不離其宗。只要尋其本義,循其綫索,總可以找到古今詞義相關之處。但後一類問題就較難解决。因爲這類詞中,有一部分差異極小,如不仔細分辨,簡直無法區分,閱讀時便極易失去文意。且以"除"與"守"二詞説明之。

"除"的今義十分單純,作動詞用只有一個基本意義,即"去掉"。有人用今義附會古語,認爲"除官"就是"免職","除歲"就是"除去舊歲"……初看起來,似乎也説得通,但仔細考究,便見内中細微差異了。

> 沈括《夢溪筆談》:"除拜官職,謂'除其舊籍',不然也。'除'猶'易'也,以新易舊曰'除',如新舊歲之交謂之'歲除'。《易》'除戎器,戒不虞,'以新易弊,所以備不虞也。階謂之'除'者,自下而上,亦更易之義。"

沈括的話是很精闢的。

"除"的本義是臺階,《説文・十四下・自部》:"除,殿陛也。"殿陛就是宫殿的臺階。《漢書・李廣蘇建傳》"扶輦下除,觸柱折轅。"杜甫《南鄰》詩"得食階除鳥雀馴",都反映"除"的本義。臺階需一層一層地易階而上下,所以引申有交替、更易之義。“除官”不是免職,而是改换新職,“除歲”是以新年更换舊年。查先秦兩漢典籍,“除”義多爲改换、更易。如:

> 《左傳·莊公四年》:“令尹鬬祁、莫敖屈重除道、梁溠、營軍臨隨,隨人懼,行成。”杜預注“除道”爲“更開直道”。孔穎達疏:“除道謂除治新路,故知更開直道。”
>
> 《詩經·小明》:“日月方除。”毛傳:“除陳生新也。”
>
> 《漢書·景帝紀》:“初除之官。”顔師古注:“凡言除者,除故官,就新官也。”

前人每每在“除”下加注,正是因爲“除”在先秦兩漢意義與注釋時代的常用義已經不甚相同、而其間差異又很難覺察的緣故。上面三處,“除”都當“更易”講,“除道”即改换一條新的直路,“日月方除”指時日更替,也就是今天所謂的“日新月異”。“除官”的意義顔師古以“除故官,就新官”釋之,正體現一個“更”義。

“除”字當“去掉”講,只取“除舊”的一面而不强調“更新”的一面,是後來發展的結果,這種變化十分細微,如果以今義附會古語,意義上便失其準確了。

“守”在現代漢語裏作動詞用,一般當固定在某一地方不動講。用它組成的雙音詞如“看守”、“防守”、“留守”、“駐守”、“遵守”、“守備”、“守護”、“守法”等,都有固定不動的意思。所以引申爲停滯不前的意思,如“保守”、“因循守舊”等。這個意義在古代也存在,《廣雅·釋詁》“守,久也。”《史記正義》“守,待也。”都反映出“守”固定不動的詞義特點。但是,在先秦文獻裏,“守”字絶非只反映固定不動的静態,同時還反映隨某物運行的動態。如:

《墨經》:"久彌異時也,守彌異所也。"

《莊子·徐無鬼》:"風與日相與守河,而河以爲未始其攖也。故水之守土也審,景(影)之守人也審,物之守物也審。"

在這些地方,"守"均當追隨某物運動講。在《墨經》一句裏,"守"與"久"相對而言,"久"是處所固定,只見時間轉移;"守"是處所不固定,便見地點轉移。可見"守"表動態。《莊子》句"守"當追隨講——水隨土流,影隨人行,人隨物移,都是動態。在這些地方,如果拘泥於"固定"之義,便很難解釋。即使勉强解釋,也將失去《墨子》、《莊子》辨證的本義了。古代所謂的"巡守",正是"巡行"與"守隨"兩意的合成,表現的是動態。

象"除"和"守"這樣的詞,意義變遷是很細微的,稍不留意,就可能解釋錯誤。只有對前代的訓詁材料進行深入的研究,細尋其差異之處,才能避免發生用今天的常用義附會古義的錯誤。

# "資斧"古義考

現代書面漢語裹管行旅所需的費用叫"資斧"。這個詞是從古漢語裹承襲下來的,但今義與古義已大不相同了。宋人程頤《易傳》解釋説:"資斧謂資財器用。"其説已非"資斧"的古義;後來有人乾脆把它寫成"資脯",更是用資金食品之義而改寫,距古義更遠。要想追尋"資斧"語義發展的綫索,需要弄清它的古義。

"資斧"一語始見《易經》:

> 《易·旅卦》:"旅于處,得其資斧,我心不快。"王弼注:"斧所以斫除荆棘以安其舍者也。……客於所處不得其次,而得其資斧之地,所以其心不快也。"
>
> 《易·巽卦》:"喪其資斧,貞凶。"王弼注:"斧所以斷者也。……喪所以斷,故曰喪其資斧貞凶也。"

這兩段話裹,王弼都將"斧"直釋作斬斷東西的斧頭。他以"得其資斧之地"來解釋前一段話中的"資斧",意思是説,古人行旅每遇荆棘叢生之地,便要用斧子斫除荆棘開路安舍,如遇到這種需要動斧子的地方,道路就是不平坦的,所以心中不快。他以"所以斷者"來解釋後一段話中的"資斧",更是明確地把"斧"當作斧頭的本字,絶非"脯"的借字。

"斧"是斧頭,"資"作何解?先看《經典釋文》給我們提供的綫索:

《易·旅卦》:“得其資斧。”《經典釋文》:“如字。子夏傳及衆家並作‘齊斧’,張軌云:‘齊斧蓋黄鉞斧也。’張晏云:‘整齊也。’應劭云:‘齊,利也。’虞喜《志林》云:‘齊當作齋,齋戒入廟而受斧,下卦同。”

《經典釋文》提出“資斧”就是“齊斧”。“資”與“齊”古音相同,《周禮·天官注》説:“齎、資同耳。其字以齊次爲聲,從貝變易。”正可證明“資”、“齊”同音。“資”是“齊”的同音借用字。那麼,“齊斧”又怎麽講呢?《經典釋文》舉應劭説:“齊,利也。”又舉張軌説:“齊斧蓋黄鉞斧也。”這兩個解釋來源於一處:

《漢書·王莽傳》:“司徒宿霸昌厩,亡其黄鉞。其士房揚哭曰:‘此所謂喪其齊斧也。’”應劭曰:“齊,利也,亡其利斧,言無以復斷斬也。”

《王莽傳》前面説“亡其黄鉞”,後面又説“喪其齊斧”,所以張軌才説“齊斧蓋黄鉞斧”。漢代文獻中把犀利的斧子稱作“齊斧”的地方非止一處,例如:

《漢書·叙傳》:“雖戒東南,終用齊斧。”
《後漢書·杜喬傳》:“陳齊斧,人靡畏。”

聯繫起來,便可弄清“資斧”就是“齊斧”,也就是利斧。

考之於文字,《説文·十四上·金部》:“鈰,利也。从金朿聲。讀若齊。”所以,從文字學的角度,更嚴格地説,“鈰”才是“資斧”的正字,“齊”與“鈰”同源,是經典通行之字。《説文》的“讀若”正給我們提供了這一綫索。

古代人出遠門隨身都帶着一把犀利的斧子,披荆斬棘,日間開路行走,夜間搭起臨時的住所,於是,利斧便成爲行旅之人不可缺少的必備之物,後來的人因“資”字附會成旅行的資用,詞義遂有了引申,而“斧”字又不可解,便改爲“脯”字,古義便消亡難尋了。

還有一點要説明的,“資斧”、“齊斧”在先秦兩漢書面語裏還是詞組,“資”(“齊”)與“斧”各爲獨立的詞,而現代書面語裏,“資斧”已發展爲一個雙音詞,因爲“資”與“斧”都已失其原義,所以,還應算作一個雙音節的單純詞呢!

# 談“加”、“暫”、“數”的詞義訓釋

詞義訓釋是指導人們閲讀古代文獻的一項重要工作。這項工作是以揭示詞的概括意義和闡明在具體語言環境中的特殊含義爲目的的。詞義是概括性與具體性的統一,它不僅包含了邏輯概念的抽象了的内涵,而且具有爲全民族所共同理解和接受的形象特點和感情色彩。我國傳統的訓詁學在訓釋詞義時,很注意對詞義特點的解釋,這是值得我們吸取的。下面通過三篇流傳較廣的文章中的常用實詞“加”、“暫”、“數”的訓釋來説明這一問題。

(一)“加”:

> 《曹劌論戰》(《左傳·莊公十年》):“犧牲玉帛,弗敢加也。”

今天一般注釋,把“加”解爲“虚夸”,並説明“這裏是以少報多”。這個注釋符合文獻語言的實際情況,但未能確切地道出“加”的詞義特點。

《説文·十三下·力部》:“加,語相增加也。从力从口。”僅看這個解釋還不足以瞭解“加”字的形與義。再看《説文·三上·言部》:“誣,加也,从言巫聲。”“譄,加也,从言曾聲。”便可從被“加”訓釋的詞中進一步瞭解它的詞義特點了。“加”从“力”从“口”,是從口中强加於人的意思,所以與“誣”、“譄”同義。“加”、“誣”、“譄”都兼毁譽言之,毁譽不以實即是誣、加、

譖。朱駿聲疑"此字(按:指'加'字)从口非誼",是不知詞義具體特點。其實,古代文獻中"加"从口取義的例子不只一處,如:

《論語·公冶長》:"我不欲人之加諸我也,吾亦欲無加諸人。"馬融注:"加,陵也。"袁宏曰:"加,不得理之謂也。"

《左傳·僖公十年》:"欲加之罪,其無辭乎?"

《史通》(劉知幾):"承其詭妄,重加誣語。"

《争臣論》(韓愈):"吾聞君子不欲加諸人而惡訐以爲直者。"

這些地方都反映出"加"从"口"之義,是它的本義的反映。

"加"从"力",即强加,所以袁宏説"不得理之謂也"。這决定了"加"是個貶義詞。它的引申義雖已脱離了从"口"之義,但从"力"之義仍然明顯。"加"又可訓釋爲"欺凌"、"逾越",都表示强加於人或不當爲而爲的動作,如:

《左傳·襄公十三年》:"及其亂也,君子稱其功以加小人,小人伐其技以馮君子。"杜注:"加,陵也。"

《禮記·檀弓上》:"獻子加於人一等矣。"鄭注:"加,猶逾也。"

《禮記·内則》:"不敢以貴富加於父兄宗族。"鄭注:"加,猶高也。"

從上面引例可見,不論是它的本義或引申義,都有極明顯的貶義,這是"加"在感情色彩上的特點。

"犧牲玉帛,弗敢加也"的"加"也應當訓作"誣妄"、"欺騙"。以多報少是欺騙,以少報多也是欺騙。古人祭祀時,在告天的文書上,總是拿"以少報多"來欺騙神的。所以把"加"釋爲"虚夸”、“以少報多”並不違背實際情況，只是就詞義來説，未能反映其本質的、概括的意義和特點。

（二）“暫”：

《史記・李將軍列傳》：“廣暫騰而上胡兒馬。”

“暫”，今天一般注“忽然”。這一解釋從詞的概括意義説，基本是正確的。但是如果我們進一步探討它的詞義特點，可以對李廣當時的情境有更形象的瞭解。

《説文・七上・日部》：“暫，不久也，从日斬聲。”只從這個訓釋仍未能道出“暫”的特點。《説文・十上・犬部》：“默，犬暫逐人也，从犬黑聲。”《七下・穴部》：“突，犬从穴中暫出也。”《十上・犬部》：“狚，犬暫齧人者。”都以“暫”來描寫犬的動作。這種動作不只是迅速短暫，而且是没有聲息使人不備。從“暫”作被訓釋字時反映出的含義，可以充分説明它的特點。“默”、“突”、“狚”與“暫”同義，都有不聲不響猛然而出其不意的意思。

《易・離卦》：“突如其來如，焚如，死如，棄如。”（按：謂不期而來。）

《史記・留侯世家》：“與客狙擊秦皇帝博浪沙中。”應劭曰：“狙，伺也。一云：狙，伏伺也，謂狙之伺物必伏而候之。”（按：謂不聲不響地待機而突然擊之。）

《左傳・僖公三十三年》：“武夫力而拘諸原，婦人暫而免諸國。”（按：謂不打招呼，突然釋放。）

《禮記・曲禮》：“長者不及，毋儳言。”鄭注：“儳猶暫也。”（按：謂猛然插言，使長者無準備。）

這些都直接或間接地反映了“暫”的詞義特點。

弄清了這一點,再來看《李將軍列傳》中的“廣暫騰而上胡兒馬”,就可見其形象了。李廣先是“佯死”,又“睨其旁有一胡兒騎善馬”。“睨”正是不使人覺察的偷看。然後毫無聲息地、趁其不備地、如犬從穴中猛竄而上,才能“推墮兒,取其弓”,獲得意外的成功,從匈奴軍隊中逃脱出來。

(三)“數”:

> 《邲之戰》(《左傳・宣公十二年》):“吾不如大國之數奔也。”

“數”,今注都作“疾”、“快”。這個訓釋是不確切的。

《説文・三下・攴部》:“數,計也。从攴婁聲。”而《四上・習部》:“習,數飛也。从羽从白。”“習”訓“數飛”,對我們很有啓發。反復、多次的意義,可以引申出學習、熟練的意義來。“習”有“熟悉”、“熟練”的意義,如《戰國策・齊策》:“誰習計會”的“習”即是。“數”也有“熟練”義,如《荀子・勸學篇》:“誦數以貫之。”即《論語》“學而時習之”之義。所以,“吾不如大國之數奔也”的“數”也應訓爲“熟練”。且看這一段的全文:

> 《左傳・宣公十二年》:“晋人或以廣隊不能進。楚人惎之脱扃。少進,馬還。又惎之拔旆,投衡,乃出。顧曰:‘吾不如大國之數奔也。’”

晋楚邲之戰,晋軍失利。晋有兵車陷於泥中,楚兵在旁指指點點,加以奚落。車出後,晋人又羞又惱,反唇相譏説:“我們不象你們大國逃跑跑得那麽熟練。”這是一句十分傳神的對話,如以“疾”訓“數”,則與當時的情境不符了。

以上三字的訓釋告訴我們,僅僅講出詞的一般的概括意義是遠遠不够的。必須抓住詞義的特點,傳達出包含在詞義中的具體情態和色彩,才能把古代文獻解釋得準確、鮮明、生動。

這三個詞的訓釋還告訴我們一個共同的方法:同義詞之間,在詞義上可以互證。尋其相同,較其相異,以探求它們的詞義特點。在運用《説文》、《爾雅》等古代訓詁專書時,不但要注意詞在被訓釋時的情況,還要注意它作别的詞的訓釋詞時的情況。在一部專書中,一個詞作爲被訓釋詞只有一次,而作其他詞的訓釋詞則可能出現多次。如能將許多材料分析綜合,參互運用,詞義的訓釋工作便能做得更爲全面深入。

# 釋“趼”

手脚上因磨擦而生的硬皮,書面語叫“老繭(jiǎn)”北京口語叫“膙(jiǎng)子”。《新華字典》和《現代漢語詞典》都收了“膙”和“繭”,認爲“膙子”就是“老繭”。同時還出了另外一個字“趼(jiǎn)”,認爲“繭”同“趼”,“膙子”也就是“繭”。這話是不錯的。

“趼”正是“膙子”的“膙”的正字,“繭”則是借字:

> 《莊子·天道》:“百舍重趼而不敢息。”司馬注:“趼,胝也。”《經典釋文》:“趼音繭。”
>
> 《淮南子·脩務訓》:“墨子自魯趨宋,十日十夜,足重繭而不敢息。”
>
> 《戰國策·宋策》:“墨子聞之,百舍重繭,往見公輸般。”韋昭注:“重繭,累胝也。”

可見《淮南子》和《宋策》的“繭”,就是《莊子》的“趼”。

《說文·二下·足部》:“趼,獸足企也。”《八上·人部》:“企,舉踵也。”《爾雅·釋畜》:“騉蹄趼善陞甗。”又:“騉駼枝蹄趼善陞甗。”段玉裁認爲這種馬蹄抬得高,所以善於登山。“趼”是馬蹄掌,引申而有“膙子”的意義。“趼”收尾音本是-n,因方言而音變爲收-ng。《廣韵·銑韵》有“皾”、“趼”兩字,訓“皮起”,《養韵》有“膙”字,訓“筋頭”,顯然不是當“老繭”講的“膙”。可見在“繭”借作“趼”之後,曾造過一個“皾”字,但没有通行,至今仍寫“繭”。而“𦟛”則是現代漢語裏的方言字,因收尾音變作-ng,才選用“强”作聲符。

凡皮膚因摩擦或其他刺激而産生的病變,其名都由“趼”派生。例如,《説文・十上・黑部》:“黬(jiǎn),黑皴(cūn)也。”皴是皮膚因缺乏油潤受風吹日曬而乾裂起黑皮。“黬”是“趼”的同源字。脚掌或脚趾上因摩擦而角質層增生而形成的皮膚病變,俗稱“鷄眼”,其實是“趼”音分讀之:由 jiǎn 而變爲 jī-yǎn。

《漢書・叙傳》顔師古注以爲“繭”之名因“足下傷起形如繭”而得,《現代漢語詞典》説“鷄眼”因“樣子象鷄的眼睛”而得名,都是就後來的用字而解釋,立足於當代,也未嘗不可。但若推究起它們最早命名的來源和追尋其音義發展的綫索,那兩個解釋便有點望文生義,還是要從“趼”來説明方爲科學。

# “唱喏”考

元明小説戲曲中兩人相見施禮叫“唱喏”。“唱喏”就是打招呼。

“唱喏”這個詞不只在元明口語裏有,文言裏也有。如:

> 《宋書·恩幸傳》:“前廢帝言奚顯度刻虐,比當除之。左右因唱喏,即日宣旨殺焉。”

這裏的“唱喏”是應答。主動打招呼叫“唱喏”,回答别人的招呼也叫“唱喏”,這是古漢語詞義中一種施受同詞的現象。

推其根源,“唱喏”的原始意義還是“應答”。這一點要從“喏”談起。“喏”的源詞是“若”。《説文·一下·艸部》:“若,擇菜也。从艸右。右,手也。”這個訓釋粗看似無根據,可段玉裁却找到了“若”訓“擇”的依據:

> 《國語·晋語》:“(秦穆公)乃召大夫子明及公孫枝曰:‘夫晋國之亂,吾誰使先若夫二公子而立之,以爲朝夕之急?’大夫子明曰:‘君使縶也……’乃使公子縶吊公子重耳於狄。”

這段話韋昭注在“吾誰使先”後斷句,並注:“當先立誰。”並注“若”説“若,之也。使之二公子擇所立也。”段玉裁認爲韋昭的解釋是錯誤的。他以“吾誰使先若夫二公子而立之”爲一句,並訓“若”爲“擇”。按它的意思,這句話要問的不是“立誰”,而是“使誰”。所以大夫子明才回答“君使縶也”。全句應理解爲:“我該派誰先去選擇二公子中的一個爲晋君呢?”

“若”在語言裹可用爲一般的“選擇”義,證明《説文》給它作的形訓是正確的。“若”的本義是“擇菜”,便有將菜擇净弄順的意思。所以《爾雅·釋言》:“若,順也。”《詩經·烝民》“天子是若”、《左傳·宣公三年》“不逢不若”……“若”都直接當“順”講。“若”與“如”通,《説文·十二下·女部》:“如,从隨也。”“若”孳乳出“婼”,訓“不順也”,正是它反向的引申。

《説文·三上·言部》:“諾,應也。”應答即是順着對方,所謂“緩應曰諾,疾應曰唯”。“諾”是“若”的又一孳乳字。“唱喏”的“喏”即是“諾”,原當“應答”講,以後才發展出招呼的意思。

# “騃”與“呆”

《新華字典》“呆”字有兩讀:一讀 ái,構成雙音詞“呆板”,義爲“死板,不靈活”。另讀 dāi,繁體字寫作“獃”,義爲“傻,愚蠢”,與“呆”的第一讀音相同的,還有一個字“騃”,義爲“傻”。有人問:這兩讀三字是什麽關係?

從漢代開始,當“癡傻”講,讀“疑”母“咍”韵的字,就寫作“騃”。《方言》説:“癡,騃也。”《廣雅・釋詁》説:“騃,癡也。”《蒼頡篇》也有“騃,無知之貌”的訓詁。古代文獻裏也用“騃”表達“癡傻”的意義。如:

> 《漢書・蒯伍江息夫傳》:“左將軍公孫禄、司隸鮑宣皆外有直項之名,内實騃不曉政事。”顔師古注:“騃,愚也。”

《説文解字・十上・馬部》:“騃,馬行仡仡也。”似乎與“癡”義没什麽關係。但《八上・人部》:“佁,癡貌,从人台聲,讀若騃。”這裏又用“讀若”提示説,“佁”是當“癡”講的正字,“騃”與“佁”在經典上通用。段玉裁以“仡仡”解“騃”,《説文》“仡”義爲“勇壯”,所以他認爲“騃”是《詩經》“駓駓騃騃”的“騃”,當“大”講。這樣,“騃”解作“癡傻”,便成了“佁”的同音借用字。其實,段玉裁的解釋過於迂曲了。“仡仡”訓“勇壯”,是指頭頸高仰、有勇無謀的樣子,用今天的話説,就是“缺心眼兒”。這個詞義與“佁”的“癡”義相通。“騃”與“佁”應是同源字。

“騃”字、“佁”字後來音變爲 dāi,俗寫作“獃”,簡化爲“呆”。

原來“疑”母的讀音 ái,也寫“呆”,專用作“呆板”這個意義了,所以“呆”便有了兩讀,意義也略有區分。

如依《説文》,“佁”是正字,“騃”是同源通用字。“獃”與“呆”是後出字,“獃”見《廣韵》,“呆”不見《廣韵》,可見比“獃”還要晚些,它們彼此又是異體字。簡化漢字用“呆”而廢“獃”。

“騃”只見於《説文》、《廣雅》,《廣韵》已不收,現代漢語寫“呆”而不寫“騃”,可見已經是一個被淘汰了的字。按《新華字典》自己規定的“凡例”①,應加“〈古〉”注明。

① 《新華字典》“凡例”第十五條説:“〈古〉表示本字是古代用的字或者本義項所注的是古代的用法。”“騃”字正屬前一情况——“本字是古代用的字”。

# 釋“貪墨”

“貪墨”一詞,一九七九年出版的《現代漢語詞典》釋作“貪污”,舊《辭源》等詞書解作“官吏之好財賄者”。前一解釋已是現代漢語詞義,有些現代法律專書便直以“貪墨”作“貪污”的同義詞用。後一解釋雖較接近“貪墨”的原義,但也略嫌狹窄些。要想深究“貪墨”在古代文獻中的確切含義,需從它的原始出處説起。

“貪墨”一詞,始見《左傳·昭公十四年》,其文如下:

> 晋邢侯與雍子争鄐田,久而無成。士景伯如楚,叔魚攝理。韓宣子命斷舊獄,罪在雍子。雍子納其女於叔魚,叔魚蔽罪邢侯。邢侯怒,殺叔魚與雍子於朝。宣子問其罪於叔向。叔向曰:“三人同罪,施生戮死可也。雍子自知其罪而賂以買直,鮒也鬻獄,邢侯專殺,其罪一也。己惡而掠美爲昏,貪以敗官爲墨,殺人不忌爲賊。《夏書》曰:‘昏、墨、賊,殺。’皋陶之刑也,請從之。”乃施邢侯,而尸雍子與叔魚於市。

“貪以敗官爲墨”,即是“貪墨”一詞的最早出處。

釋“貪墨”爲“貪污”,恐怕是根據杜預注。杜預《左傳·昭公十四年》注説:“墨,不潔之稱。”以“墨”爲“墨黑”之字,後人以“貪污”釋“貪墨”本於此。不過,杜預這個注没有注出“墨”的確切含義,犯了望形生訓的毛病。

《左傳》“貪墨”一詞習慣寫作“貪冒”。如：

《成公十二年》：“及其亂也，諸侯貪冒，侵欲不忌。”

《昭公三十一年》：“若竊義叛君，以徼大利而無名，貪冒之民，將寘力焉。”

《哀公十一年》：“若不度於禮而貪冒無厭，雖以田賦，將又不足。”

這三個地方的“貪冒”都與“貪墨”同義。也有“冒”字單用的。如：

《文公十八年》：“貪于飲食，冒于貨賄。”杜預注：“冒亦貪也。”

《成公十六年》：“侵官，冒也。”

《襄公四年》：“冒于原獸。”杜預注：“冒，貪也。”

在這些地方，“冒”都是“貪”的同義詞，所以“貪”與“冒”又可連用。從聲音看，“冒”、“墨”雙聲，“冒”上古在“蕭”韵，“墨”上古在“德”韵，似乎距離較遠。但《左傳》“諸侯貪冒”，《經典釋文》：“冒，莫報反，又亡北反。”而“侵官，冒也”的“冒”，《經典釋文》中徐仙民亦音“莫北切”。所以錢大昕在《十駕齋養新録》裏便據此直説“冒”可讀“墨”音。“墨”並非“墨黑”、“不潔”之義，而是“冒”的借字。

《説文·七下·冃部》：“冒，冡而前也。”《八下·見部》：“䍱，突前也。”二字是異部重文，意思是不看時機、不擇手段而進取，也就是今天的“冒昧”（《説文·頁部》：“顝，昧前也，讀若昧。”此“冒昧”的“昧”正字）、“冒進”、“冒然”的“冒”。引申爲非其應有、進而攫取，也就是今天“冒領”、“冒認”的“冒”。以利言之,不應得而取之謂“冒”,以權言之,侵奪别人的職務或濫用自己的職權也叫“冒”,所以《左傳》説:“侵官,冒也。”《賈子·道術》説:“厚人自薄謂之讓,反讓爲冒。”這都能證明“貪”與“冒”正是一對同義詞。《左傳》獨在“貪以敗官爲墨”一句中寫“墨”,因《夏書》逸文如此。

“冒”或“冡”又可組成連綿詞“冒没”:

《國語》:“戎翟冒没輕儳。”

“冒没”就是侵掠財物,與“貪墨”之義相通。漢代以後,由“冒”的意思又産生了另一個雙音詞“乾没”:

《史記·酷吏列傳》:“張湯始爲小吏,乾没,與長安富賈田甲、魚翁叔之屬私交。”

《三國志·魏志·傅嘏傳》:諸葛恪揚聲欲向青徐。嘏言:“恪豈傾根竭本,寄命洪流,以徼乾没乎?”

徐廣注《史記》以爲“乾没”是隨勢浮沉。如淳則説:“得利爲乾,失利爲没。”這兩種解釋都不得要領。裴松之注《三國志》説:“乾没,有所徼射不計乾燥與沉没而爲之也。”依裴松之的説法,“乾没”就是“貪冒”,也就是“貪墨”。徐、如、裴均以“乾没”爲反義詞相結合,雖未盡然,但“乾没”是“貪冒”的發展,可以後世諸多用法爲證:

《晋書·潘岳傳》:“爾當足知,而乾没不已乎?”

《北史·甄琛傳》:“世俗貪競,乾没成風。”

《顔氏家訓》:“陸機犯順履險,潘岳以乾没取危。”

可見漢魏六朝的“乾没”均與“貪墨”同義。這個意義一直用至唐代以後：

> 《五代史·李嵩傳》：“李嶼僕葛延遇，爲嶼商賈，多乾没其資。”

這裹直以“乾没”爲吞侵他人財物之稱了。

“貪墨”、“貪冒”、“冒没”、“乾没”實出一源，不可望形生義，蔽於寫法不同而失其發展綫索。

# "原田每每,舍其舊而新是謀"解

《左傳·僖公二十八年》記載了晋楚兩國在衛國城濮發生的戰争,即城濮之戰。這一戰晋文公打敗了楚國,使晋國被强楚所壓的局勢一舉改觀,確定了晋國在春秋中期稱霸的地位。《左傳》以千字之文繪形繪色地描寫了城濮之戰的全過程,留下了又一膾炙人口的描寫戰争的名篇。

《左傳》記載城濮之戰的前半部分,着重描寫了晋、楚雙方的戰略地位:楚國位於長江流域,地處晋國的南方,春秋時連連發兵出戰,屢獲勝利,鄭、魯、曹、衛等小國當時都對他歸服,成爲他的盟國。公元前 636 年(魯僖公二十四年),政治經驗十分豐富的晋文公(公子重耳)回國即位,重用隨從他流亡、與他共過患難的文武功臣,革新經濟,整頓國政,勢力逐漸强大,獲得了争霸華夏的經濟政治條件。但是,南方的楚國通過鄭、魯、曹、衛,形成了對晋的包圍圈,完全閉塞了晋國向外發展的道路,限制了晋國施展强大攻勢的可能。於是,公元前 632 年(魯僖公二十八年),晋文公便决定首先掃清外圍,打開通路,開始侵曹伐衛。圍曹的戰鬥十分艱苦,至三月才結束。晋文公接着采納了先軫的計策,執曹君而分曹衛之田賜宋人。楚國請求晋文公復衛侯而封曹,即可釋宋之圍。晋文公却用先軫之計拘留了楚國的使者宛春,並私許復曹衛。楚被激怒,晋楚遂在衛國的城濮交戰。

城濮之戰雖在當時於晋國是勢在必行,但楚國因有"復衛封曹釋宋”的前言,道義上占了上風,軍事上力量强大,且據於險阻,是晋國的一個不容輕視的勁敵。因此,在城濮一戰開始前,晋文公在戰與不戰的問題上多所猶豫。《左傳》以“患”、“疑”、“懼”三字生動地寫出了晋侯反復斟酌、舉棋不定的心理和他在戰術上重視敵人的軍事思想:首先是“楚師背酅而舍”,佔據着險要的地勢,“晋侯患之”,然後,晋侯又“聽輿人之誦,曰:‘原田每每,舍其舊而新是謀’”,歌詞使晋侯産生了不祥的預感,“公疑焉”;交戰前,晋侯“夢與楚子搏,楚子伏己而盬其腦”,心情更不平静,“是以懼”。經過這些躊躇,在以子犯爲主的群臣精密設謀後,晋侯才決定了一個“戰”字,以必勝的信念出師逆楚。這段心理描寫,迭宕騰挪,傳神入理,一向被譽爲《左傳》的“奇文”。

但是,讀過《城濮之戰》的許多人,都對“原田每每,舍其舊而新是謀”這兩句輿人所誦之歌詞不解。杜預注這句話説:“喻晋軍美盛,若原田之草每每然,可以謀立新功,不足念舊惠。”《左氏會箋》等書反對杜預的説法,又解釋作“周四月夏仲春,東作之時也,故歌曰:原田生草,時正不可失,宜撥舊根而新播種也”。這兩種解釋都是只從表面含義上來進行説明,未能發掘《左傳》用這兩句歌詞的深義。

對字句作出訓詁,除了要探討字詞的形、音、義與句子的語法結構外,還要特别注意結合當時各種社會狀況、歷史事件、典章制度來考察它内在的意義。要想瞭解“舍其舊而新是謀”的含義,必須聯繫十三年前晋國發生的一件大事。《左傳·僖公十五年》記載,秦晋韓之戰中,晋敗於秦,晋惠公作了秦國的俘虜。不久,惠公被釋回國,爲適應當時生産的發展,也爲挽回戰敗後國内的政治混亂局面,於是開始實行“爰田”制。“爰田”,《説文》

作“趄田”。《二上・走部》:“趄,趄田,易居也。”又作“轅田”。《漢書・地理志》“制轅田”,注:“三年爰土易居,古制也。”這種土地制度包含兩個内容:一是耕地輪休。

> 《周禮・大司徒》:“不易之地家百畝,一易之地家二百畝,再易之地家三百畝”,鄭衆注:“不易之地歲種之,地美,故家百畝;一易之地休一歲乃復種,地薄,故家二百畝;再易之地休二歲乃復種,故家三百畝。”

這是指土地分等級,輪休以盡地利。當時把田分爲上、中、下三等,上地肥美,可以不輪休,中地種一年休耕一年,下地種一年休耕兩年。這種制度的産生,是由於生産力的提高,老耕地已不够種植,開始有了大面積開荒,生荒地肥力不足,才需要輪休。

另一則是耕作者輪换地畝。過去,奴隸被束縛在土地上,永遠在分配的地畝上耕作,除了逃跑,没有任何活動餘地。新的“爰田”制規定,耕作者輪流在上田、中田、下田勞動,今年種下田的奴隸,明年可以種中田,後年可以種上田。這就是所謂“肥饒不得獨樂,墝埆不得獨苦,故三年一换主易居,財均力平”(《公羊傳》何休注)。這種改革不但提高了奴隸勞作的積極性,還有利於積累生産經驗,提高耕作技術,是一項發展生産力的有力措施。公元前 645 年晉國“作爰田”,主要是采取了後一内容的改革。到城濮之戰開始時,“爰田”制已經實行了十三年,産生了良好的效果,奴隸們嘗到了輪耕易居的甜頭。輿人所誦“原田每每,舍其舊而新是謀”,正是對這種制度的歌頌之詞。

“原田”是高平之田,水盛肥足。“每每”,《説文・一下・屮部》:“每,艸盛上出也。”這一句反映仲春季節沃野上欣欣向榮的氣象。“謀”,即《禮記・中庸》“人道謀政,地道謀樹”之“謀”,指生産。周四月正是播種季節,正是奴隸易居後在新的土地上耕作的開端。“舍其舊而新是謀”反映爰田易居的情況,也表現了奴隸們改換勞作地點和條件後舒展暢快的心情和舍舊謀新後産生的新希望。晉文公自然並非不懂歌詞的含意,但他深知此次戰争對晉國霸權的决定作用,同時陷入勝敗尚無把握的遲疑中,戰的局勢已成,而他的抉擇未定。在這種時候,他反而感到“舍其舊而新是謀”似有奴隸、戰士們棄晉就楚的不祥預兆,故而增加了心中的疑慮。這個“疑”,應解釋作“忌諱”、“惑亂”,而不是“懷疑”。

對這句歌詞的内容有了確切的瞭解後,我們還可以進一步探討《左傳》在記叙戰争的篇章中表現出來的藝術特點。《左傳》在寫戰争的時候,既能寫出戰争的導火綫、交戰雙方各持的表面理由,又能將戰争的真實原因向讀者交待清楚;既能形象地描繪出戰争的過程和勝敗的結局,又能向讀者顯示勝敗的歷史原因及其中的教訓。《左傳》是史實的記録,也是對歷史人物和歷史事件的評論之作。可貴的是它能將對是非的評論融匯在史實的叙述中,以增强這種評論的説服力。城濮之戰晉所以能敗楚,一方面是與晉文公多謀善慮,在戰術上重視敵人,而且從諫如流,善於集中將領們的智慧分不開的(這一點,《左傳》與楚子對比來寫,褒貶自見);另一方面,晉國國内在經濟上和軍事上實行了一系列的改革,實現了安定團結,則是這次戰争取勝的更爲深刻的原因。《左傳》在輿人之誦一節中,既以“原田每每”之詞反映出晉國“爰田”制的良好效果,顯示出晉在戰争中必勝的經濟基礎,同時又用晉文公在聽到歌詞時的特殊心理,展示了晉國戰争的總指揮深思熟慮、毫不輕敵的特點。一正一反,極顯行文的簡潔與表現的容量。

# “尚書”與“尚公主”

讀《史記》、《漢書》等古代歷史文獻,常會遇到一些職官名。爲了把有關的史實弄清楚,除了需要把這些職官的權力、職務、地位和領屬關係弄清外,有時還需瞭解這些官名命名的由來。這就需要通過訓詁的方法來考證。這裏且舉一例説明訓詁與古代官制的關係。

“尚書”是個常見的官名。考查這種職官的發展可以知道,尚書始設於秦代,它最初不過是在皇帝左右掌管文書、傳達詔令的小官。漢朝沿襲秦制,尚書爲九卿中“少府”的屬官。但自西漢中葉,尚書的權力已逐漸擴大,可以直接參與國政,成爲中央政府的重要官職。東漢光武帝削弱相權,重視尚書,成立了尚書臺(至晋時改稱尚書省),長官是尚書令。尚書令秩千石,是帝王喉舌之官。魏文帝時,鑒於東漢尚書臺的權力太大,遂把它改爲外圍的執行機構,另外設置了中書省,首長是中書監、中書令,參掌中書機密。南北朝時,又鑒於中書省權勢日大,即設置了門下省,首長是侍中。這樣就逐漸形成了皇朝中央尚書、中書、門下三省分職的官制:中書省取旨決策,門下省審核,尚書省執行。

尚書臺的職務日益增多,從漢代開始,便有分曹治事之制,也就是尚書之間有所分工。直到隋代,尚書的職責繁重,分工更加明確,尚書省下設六個部,即吏部、禮部、兵部、工部、都官部(後改爲刑部)、度支部(後改爲户部)。六部之設,一直延續到明清。從這個發展過程看,尚書在秦代不過是君主左右掌管文件的僕役,到了後世就變爲朝廷中樞部門的長官。

兩漢的執政大臣,多有“領尚書事”、“録尚書事”或“平尚書事”的職銜。所謂“領”、“録”、“平”,並不是真充尚書官職,而是因爲尚書直接受命於皇帝,當皇帝年幼或因其他原因决定不了尚書的奏呈時,便命德高望重的大臣(一般係公卿或大將軍)領(録、平)尚書事,授予特權協助皇帝行政事;而尚書臺及其官吏仍不廢除。

弄清尚書這種官職的發展,便可以在閱讀中理解某些史實。比如《漢書・霍光傳》,霍光曾以大司馬大將軍領尚書事,輔理國政,權勢遠在丞相之上,而尚書及尚書令仍不廢除。比如昭帝駁斥燕王呈奏時,《霍光傳》記載:“尚書左右皆驚。”又霍光廢昌邑王賀時,光與群臣聯名奏之,仍由尚書令讀奏。

那麽,尚書爲什麽如此稱謂呢? 有人以爲“尚書”與“中書”相對,“尚”即“上”義。這是一種誤解。章太炎先生《檢論・七》中説:“尚書、中書者,漢時贊作詔版之官,尚書猶主書,中書乃以宦者爲之。”趙翼《陔餘叢考》説:“尚書本秦少府之屬,在内掌文書者,漢因之。”這兩段話説明了尚書這種官最初的職權,也解釋了“尚”的詞義。其實,“尚”訓“主”,是“掌”的假借字。《廣雅・釋詁》:“尚,主也。”《史記》、《漢書》中“尚”多有“主”義,如:《史記・吕后紀》“襄平侯通尚符節。”注:“尚,主也。”尚符節即符節令之官。《後漢書・和熹鄧皇后紀》有“尚方”注:“掌工作刀劍諸物及刻玉爲器。”“方”是“匚”的假借,“匚”,“受物之器,象形……讀若方。”“尚方”即掌器物之官。《周禮》直稱“掌”。如“天官”有“掌舍”、“掌次”、“掌皮”;“地官”有“掌節”、“掌染”、

“掌炭”、“掌荼”、“掌蜃”；“秋官”有“掌客”、“掌交”、“掌察”、“掌貨賄”，都是以所掌管的職守而命名的。漢代的“尚符節”即相當於《周禮·地官》的“掌節”。“尚書”即“掌書”，也是由此命名的。

在封建社會裏，與公主結婚的，史書上稱爲“尚公主”，這個“尚”字又應當怎樣理解呢？有人認爲“言帝王之女尊而上之，不敢言娶。”意思是下臣娶帝王之女叫“尚”，即今天所謂的“高攀”。其實這是一種誤解。如《漢書·司馬相如傳》：“卓王孫喟然而嘆，自以得使女尚司馬長卿晚。”可見“尚”並没有“上”的意思，是不論高攀或低就，也不論男婚或女嫁的。“尚”不是下臣娶帝王之女的專名，僅僅當“匹配”講，是“當”的假借字。《史記·絳侯周勃世家》：“勃太子勝之尚之。”《集解》引韋昭注：“尚，奉也。不敢言娶。”韋注不妥。後文“尚公主，不相中”《集解》引如諄曰：“猶言不相合當也。”則從另一個側面道出了“尚”的詞義就是“相配”、“相當”。《易經·泰卦》：“朋亡，得尚于中行。”注：“猶配也。”正好反映了“尚”的這一假借義。“當”訓“當值”，引申爲“配偶”。

所以，不論是“尚書”的“尚”，還是“尚公主”的“尚”，都不能按常用的“上”義來理解，必須通過聲音關係（“掌”、“當”均从“尚”得聲，是同一形聲系統的字），從字的假借來索求它們的含義；而且還要以文獻語言爲佐證，才能訓釋得準確、得當。

# “尉劍挺”解

> 《史記·陳涉世家》:“廣故數言欲亡,忿恚尉,令辱之,以激怒其衆。尉果笞廣。尉劍挺,廣起,奪而殺尉。陳勝佐之,并殺兩尉。”

這段話寫的是陳涉、吴廣在蘄縣大澤鄉起義的序幕。司馬遷用十分精練的語言,把陳涉、吴廣設計使尉忿恚造成事端,爲率衆起義製造必要條件的過程,交代得層次分明,清清楚楚,而且人物形象躍然紙上,使千百年後的讀者還能具體地想象出當時的情景。

但是,歷來人們對這一段中“尉劍挺”的“挺”字未能作深入的研究,因而妨礙了對這段文章的理解。例如:

> 《史記索隱》:“《説文》云:‘挺,拔也。’案謂尉拔劍而廣因奪之,故得殺尉。”

按照這個説法,是尉先拔劍出鞘,吴廣上前奪過劍來,把尉殺死了。這種説法是不符合作品的原意的,在情理上也講不通。因爲,第一,吴廣用話激怒尉,目的是使尉責辱自己來激起衆人的反抗。尉果然中計,只是笞之而已,並没有主動殺死吴廣的意思,因此也就不會拔劍。第二,尉當時也不可能拔劍。《説文·五上·竹部》:“笞,擊也。”此字从竹,當是用板竹條爲之。擊人者手持竹板或竹條來行刑,自然不可能騰出手來拔劍。第三,從語法上講,“挺”如訓“拔”,則語序應該是“尉挺劍”,而不能説“尉劍挺”。由此可見,“挺”字在這裏絶對不能訓“拔”。

另一種注釋是《史記集解》引用徐廣的解釋。他説:“挺猶脱也。”這個解釋是比較合乎情理的;尉在掄起竹板或竹條責打吴廣時,由於是在忿恚之下,用力很猛,身體隨着打人的動作而擺動,於是佩戴在身上的劍便脱鞘而出,跌落地上。這時,伏在地上受責的吴廣乘機躍起奪過劍來把尉殺死了。陳涉吴廣率衆起義的序幕就這樣揭開了。

但是,徐廣没有説出“挺”所以訓“脱”的理由。我們應該用訓詁的方法把它搞清楚。

古籍中普遍存在着同音字互相借用的現象。在本字難於解釋的情況下,要弄清某個詞的意義,必須從聲音上去推求。

首先,我們知道“挺”字和“失”字在聲音上是相通的。“失”、“挺”雙聲,“失”在“屑”韵,“挺”在“青”韵,古亦相通。如:

> 《尚書·堯典》:“辨秩東作。”《史記·五帝本紀》作“便程東作。”(這句話是説歲月從春天開端。東即春。)

可見“秩”、“程”同音,都訓序。又如:

> 《儀禮·少牢饋食禮》鄭玄注:“秩或爲戜。”

可見“秩”、“戜”也是同音字。那麼“秩”从“失”聲,“程”、“戜”都从“呈”聲,“呈”又从“壬”得聲,這就可以證明“失”字與从“壬”得聲的“挺”字是同音字了。再如:

> 《説文·八上·人部》:“侹,一曰代也。”

"挺"就是今語"頂替"的"頂"的本字,它和"迭"是一個字。

《説文·二下·辵部》:"迭,更迭也。"

頂替就是更迭。這也可以證明"失"和"挺"是同音字

其次,我們再來看"挺"字和"失"字在義訓上的關係:

《説文·十二上·手部》:"[篆](失),縱也。从手,乙聲。"

所謂縱,就是東西從手裹放跑了的意思,也就是所謂"逸失"(逸失是叠韵連綿詞,《説文·二下·辵部》:"逸,失也。")因此,"失"引申也訓"脱",放跑和脱逃是一個意思,漢代人經常把脱逃説成挺身。如:

《漢書·劉屈氂傳》:"其秋,戾太子爲江充所譖,殺充。發兵入丞相府。屈氂挺身逃,亡其印綬。"

《漢書·谷永傳》:"陛下棄萬乘之至貴,樂家人之賤事,厭高美之尊號,好匹夫之卑字,崇聚僄輕無義小人以爲私客。數離深宫之固,挺身晨夜,與群小相隨。烏集雜會,飲醉吏民之家。"

這兩處的"挺身",都是脱身的意思(顏師古注都訓"挺"爲"引",是不對的)。

"失"字訓"脱",還可以用从"失"得聲的字來證明:

《説文·八上·人部》:"佚,佚民也。"

《四下·肉部》:"胅,骨差也。讀與跌同。"

《二下·足部》:"跌,踼也。"

佚民即所謂遁世之民,也就是脱身於世俗之民。骨差就是骨節脱榫。又由此引申,則對於不能保持原來的位置,蹶倒下來叫作

跌。而踼就是《漢書·王式傳》“陽醉逿地”的逿,也就是現在的“躺”字。顔師古注:“失據而倒也。”可知人不能穩立而倒地謂之跌。

又,《説文·十二卷下·女部》:“娗,女出病也。”章太炎先生曰:“娗爲女出病,即《千金》諸方所云陰挺出也。”這是“挺”直接訓爲“出脱”的又一例證。

# 論“行李”即“行使”

《左傳》常説“一介行李”、“行李之往來”,杜預説:“行李,使人也。”“行李”爲什麽是使官? 這問題要從文字上解决。

古“史”、“吏”、“事”、“使”爲一字,追尋它們字形的發展:

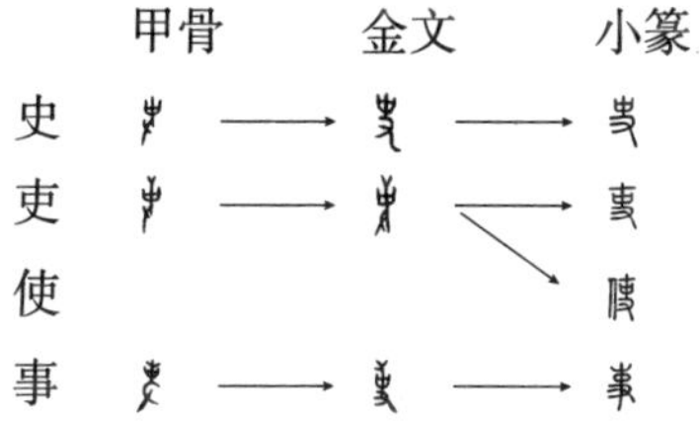

| | 甲骨 | | 金文 | | 小篆 |
|---|---|---|---|---|---|
| 史 | [illegible] | ——→ | [illegible] | ——→ | [illegible] |
| 吏 | [illegible] | ——→ | [illegible] | ——→ | [illegible] |
| 使 | | | | ↘ | [illegible] |
| 事 | [illegible] | ——→ | [illegible] | ——→ | [illegible] |

可以看出,這四個字在甲骨文時完全是一個字,筆劃略有繁簡之别,在金文中也仍是繁簡之分。“中”是書册,[illegible]是它的繁文。“史”和“吏”都是以手(又)持中之形,也就是掌管國家典策的人。金文“事”字从“中”上有游,也是繁文。以後,分化爲三詞三義,字形也有了分化:(一)典策謂之史;(二)從事的職務謂之事;(三)掌事之人謂之吏。“吏”訓“治人者”,是“史”義的分化,出使的官也叫“吏”,後寫作“使”。這在小篆中才有了明顯的區别。

“吏”(“史”、“使”)在古籍中常借“李”爲之:

老子李耳本爲柱下史,即掌史策之官,柱下史即柱下吏,“吏”假“李”爲之,所以老子姓李,實是他的官稱,“耳”是他的名。《管子·法法》:“臯陶爲李。”“李”即“吏”。

“吏”又可借爲“里”或“理”:

《左傳》“史克”又作“里革”。《漢書・王莽傳》:“夫吏者理也。”《禮記・月令》:“命理瞻傷。”注:“治獄官也。”《國語・周語》:“行理以節逆之。”注:“理,吏也。”《離騷》:“吾令蹇修以爲理”、“理弱而媒拙兮”,“理”皆是“使”之借。

明確了這四個字的關係及它們與“李”、“理”的關係,便容易明白《左傳》的“行李”即是“行使”,也就是外交使節。《左傳・僖公三十年》:“行李之往來,共其乏困。”杜預注:“行李,使人。”孔穎達疏引《周語》“行理以節逆之”,賈逵注:“理,吏也,小行人也。”“節”是旄,也就是出使的標誌,“李”是“使”的借字。“一介行李”也就是“一個外交使節”。

# “輔車相依”解

《左傳·僖公五年》記載了“宫之奇諫假道”的著名歷史故事。文中以流暢的文筆,雄辯的論理,記載了宫之奇的一段話:

> “虢,虞之表也。虢亡,虞必從之。晋不可啓,寇不可翫。一之爲甚,其可再乎!諺所謂‘輔車相依,唇亡齒寒’者,其虞虢之謂也。”

“唇亡齒寒”,人所共解,不存在分歧;“輔車相依”,却有兩種解釋,始終没有定論。

第一種解釋:

> 《吕氏春秋·權勛篇》:“宫之奇諫虞公曰:虞之與虢也,若車之有輔也。車依輔,輔亦依車,虞虢之勢是也。”

其説以“輔”爲車上的一個部件。段玉裁《説文解字注》“輔”下引《詩經·小雅·正月》:“其車既載,乃棄爾輔”,證明古代車上確實有“輔”。段以爲“蓋如今人縛杖於輻以防輔車也。”依段之説,則“輔”是縛在車輻兩邊的木頭。《周禮·天官·大宰》鄭司農注:“輔爲民之平也。”可以從側面知道“輔”的作用大約是防止停車時車身傾倒。

第二種解釋:

> 《左傳·僖公五年》杜預注:“輔,頰輔;車,牙車。”

其説以“輔”爲“酺”的假借字。酺是人之兩頰,車是人之上下牙牀,包在頰内,所以説“輔車相依”。

這兩種解釋哪種妥當些呢? 第一種解釋以“輔”爲車上的部件。從《詩經·小雅·正月》文看,車上確實有輔,輔可助車之平穩,似乎也可以稱作“相依”。但《詩經》明説“乃棄爾輔”,知這種部件只在停車時防車傾倒,行車時則無作用,是可繫可解之木,它與車的相依關係只是臨時的或一時的,不足以作喻。而且,《僖公五年》前面正文説:“虢,虞之表也。”兩國是相爲表裏的關係;而車爲總體,輔僅是兩旁夾車之木,不但難以表裏言之,就虞虢的關係看,也無相似之處。況且,接下句“脣亡齒寒”來看,將車與輔木、脣與牙齒這兩種完全無關的東西拿來合成一組比喻,總給人不倫不類的感覺。從《左傳》行文一貫嚴謹準確的特點看,恐怕未必如此。

而第二種解釋,説服力就比較强了。

> 《説文·九上·面部》:“酺,頰也。”段注:“頰者,面旁也。面旁者,顔前之兩旁。”《頁部》:“頰,面旁也。”段注:“面者,顔前也。顔前者,兩眉間、兩目間已下至頰間也。其旁曰頰。”

可知“酺”是人的臉頰,即俗説“腮幫子”。古多借“輔”爲“酺”。如:

> 《楚辭·大招》:“靨輔奇牙,宜笑嫣只。”王逸注:“言美女頰有靨酺,口有奇牙,嫣然而笑,尤媚好也。”
>
> 《淮南子》:“奇牙出,靨輔摇。”高誘注:“靨輔,頰邊文,婦人之媚也。”

“靨”即笑靨,也就是酒窩。“輔”即酺,就是臉頰。但是,“輔”,

同時也指口内的牙牀骨。

> 《周易·咸卦》:“上六,咸其輔、頰、舌”,《艮卦》:“六五,艮其輔”,虞注:“輔,面頰骨上頰車者也。”

這裏的“輔”也應當是“酺”。

> 《説文解字注》:“蓋自外言曰酺、曰頰、曰㒸酺;自裏言則上下持牙之骨謂之酺車,亦謂牙車,亦謂頷車,亦謂頰車,亦謂䶗車,亦謂之酺,亦謂之頰。許言酺頰也者,言其外也;《易》言酺、頰,言酺,言其裏也。酺車非外之酺,頰車非外之頰,此名之當辨者也。”

段玉裁這段話,説明了“酺”統言之包括外之頰與内之車;析言之則僅指外頰,而“車”則指口内的牙牀骨,因爲它是載牙之物,所以叫“車”。“輔”與“車”正是互相依存的表裏兩部分。弄清這一點,再來看“輔車相依,脣亡齒寒”這組比喻,就比較清楚了。外頰與牙床骨一表一裏,互相依存;嘴脣與牙齒也是一表一裏,内包於外。四者都是人的語言和飲食器官,集中在人的顔面内外,合爲一組,用來比喻虞虢生死與共的關係,真是再巧妙也没有了。

# “麗土之毛”與“不毛之地”

中學語文課本第六册選徐光啓《甘藷疏序》,首句是:“方輿之内,山陬海澨,麗土之毛,足以活人者多矣。”課本注釋“麗土之毛”説:“生長在土地上的植物。麗,附著。毛,草木。”這條注釋使人聯想到另一個成語“不毛之地”。有些詞典、成語手册,將這條成語解釋作“寸草不生之地”、“不長草的荒地”。同樣地,把“毛”解釋作“草木”。

“毛”解釋作“草木”是有根據的:

《左傳·隱公三年》“澗溪沼沚之毛”,杜預注:“毛,草也。”《廣雅·釋草》:“毛,草也。”

但是,只要仔細分析,參考更多的文獻,就不難明白以一般的“草木”訓釋“毛”字是不够確切的。最明顯的反證是諸葛亮的《出師表》“五月渡瀘,深入不毛”一句。雲南並非沙漠之地,怎麽能連草木都不長呢?再看:

《穀梁傳·定公元年》“毛澤未盡”,注:“邵曰:凡地之所生謂之毛。”

這裏的“地”指耕地,“地之所生”指莊稼、五穀。

《公羊傳·宣公十二年》:“君如矜此喪人,錫之不毛之地,使帥一二耋老而綏焉。”何注注得更明確:“墝埆不生五穀曰不毛。”

《周禮·地官·載師》:“凡宅不毛者,有里布;凡田不耕者,出屋粟。”鄭衆注:“宅不毛者,謂不樹桑麻也。”

這裏,“宅不毛”與“田不耕”對文,合起來説明受田宅而不務農,任其荒蕪,則令出征賦以示罰。“桑麻”不是具體指桑和麻,而是泛指一切農作物。以上諸例,都説明“毛”不是一般的草木,而是指農作物而言。“毛”字有農作物的意思,是假借“苗”字而來。《説文·一下·艸部》:“苗,艸生於田者。”《詩經·碩鼠》:“無食我苗。”《毛傳》:“苗,嘉穀也。”《公羊傳·莊公七年》:“無苗”,注:“苗者,禾也。生曰苗,秀曰禾。”可知苗即是没有抽穗的莊稼,“毛”訓“五穀”、“桑麻”實際是“苗”。

在古代文獻中,“毛”與“苗”聲音相通,相互借用的佐證也是不乏見的:

《尚書·舜典》:“竄三苗于三危。”《山海經》“三苗”作“三毛”。

《公羊傳·桓公四年》:“春曰苗。”何休注:“苗,毛也。”

《説文·五上·虎部》:“虦,虎竊毛謂之虦苗。从虎戔聲。竊,淺也。”段玉裁注:“按毛苗古同音,苗亦曰毛,如不毛之地是。”

可見“毛”與“苗”不但音同,而且互相借用,在古代文獻裏早成慣例。

因聲而弄清“苗”與“毛”的同音借用關係後,便可以知道《左傳·昭公七年》“封略之内,何非君土,食土之毛,誰非君臣”的“毛”杜預注也訓“草”是錯誤的。“食土之毛”當然指的是莊稼而不是一般的草。同樣,“不毛之地”是不長莊稼的荒原,而“麗土之毛”則是生長在土地上的莊稼,這些意思也更清楚了。

# "天保"考釋

《詩經·小雅·天保》有"天保定爾,亦孔之固"的説法,天保指周代政權的中心雒邑。但爲什麽天保指政權中心,"保"是什麽意思,需要考證。

天保的保與車蓋有關:

> 《周禮·考工記·輪人》:"輪人爲蓋,達常圍三寸,桯圍倍之六寸,信其桯圍,以爲部廣,部廣六寸,部長二尺,桯長倍之四尺者二。"

根據《周禮》鄭玄注和孫詒讓的《周禮正義》,車蓋的形制分四個部分:(1)部,又名蓋斗,直徑六寸,與達常共長二尺;(2)蓋弓,二十八枚,從部象肋骨一樣四向張開,並在上面蒙上蓋衣;(3)達常,圓周長三寸,則直徑約一寸;(4)桯,即蓋竿,又叫蓋莖,長八尺。古代有安車與立車兩種,都置車蓋。立車立乘,車蓋較高,安車坐乘,車蓋較低。

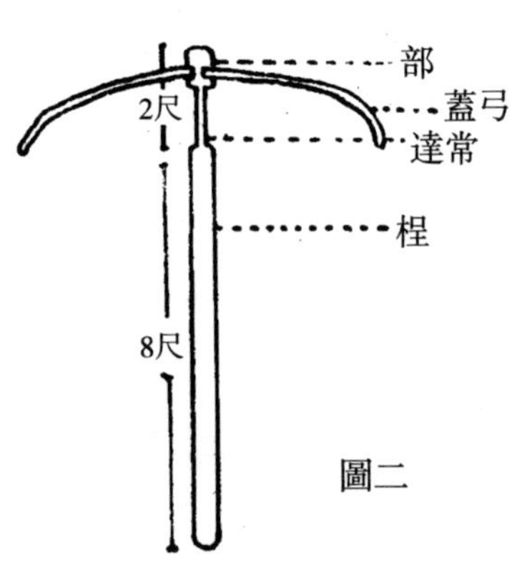

圖二

部是車蓋的中樞部分,二十八枚蓋弓都從這裏分别向四面張開,所以引申有"部分"、"部屬"、"部次"之義。在古代文獻裏,"部"字又寫"保"或"葆",如:

《太平御覽·天部》引桓譚《新論》:“北斗極天樞。樞,天軸也。猶蓋有保斗矣。”

《論衡·説日篇》:“極星在上之北,若蓋之葆矣。”

《新論》的“保斗”就是蓋斗,“保”即《論衡》的“葆”,也就是“部”。但“部”的本義是地名,許慎説是“天水狄部”,段玉裁注:“狄部未詳”。而“部”有“部分”、“部次”之義,是“㔫”字之借。《説文·八上·匕部》:“㔫,相次也。”車蓋之“部”即“㔫”字。

“部”由車蓋之部引申爲天文學上的部:

《史記·曆書》:“方士唐都分其天部。”孟康説:“分部以二十八宿爲距度。”

“部”在這裏指北極星,所謂“分天部”就是以北極星爲中樞,把圍繞着北極星的二十八個星定爲二十八宿,這樣就把天劃分成二十八個等分。這種情況,正與車蓋的部與蓋弓的關係相似。所以,北極星叫“部”,也叫“保”:

《太平御覽·天部》引桓譚《新論》:“北斗極天樞。樞,天軸也,猶蓋有保斗矣。蓋雖轉而保斗不移。天亦轉周匝而斗極常在,知爲天之中也。”

這裏的北斗或保斗就指北極星。天部也就是天保。

正因爲古代以天之中樞爲天保,所以引申稱政治的中樞亦曰天保。我國古代的統治階級總是把邦國之治和天象聯繫起來的,這是出自他們“受命於天”的迷信思想。古人把衆星圍繞北極星的運轉比作中央和地方的關係。例如《周禮·春官》有“馮相氏”和“保章氏”之官。“馮相氏”是掌日月星辰依常度運行的規律的,“保章氏”是掌日月星辰違反常度的變動以見吉凶的。

這就是説，從星象上看，如果衆星正常運行，則象徵着國家政治上的穩固；如果運行不正常，則象徵着國家要出亂子，政權不穩：

> 《鶡冠子·王鈇》："列星不亂，各以序行，故小大莫弗以章。"

意思是説，國家的大事小事，都會從群星依序運行的規律中反映出來。

考《逸周書·度邑》有"未定天保"之語，又有"定天保，依天室"之説。這裏的天保是指雒邑，即成周。所謂"依天室"就是按照天上衆星的序列來决定營建雒邑。那麼，爲什麼稱雒邑爲天保呢？過去的説法是雒邑居地之中，上比天極。章太炎先生引《周禮》以成此説：

> 《周禮·大司徒》："日至之景，尺有五寸，謂之地中。天地之所合也，四時之所交也，風雨之所會也，陰陽之所和也。然則百物阜安，乃建王國焉，制其畿方千里而封樹之。"

這就是説在地中來興建王國。這裏的王國就是成周，也就是雒邑。

但是雒邑實際上並不在"地中"。鄭玄注和孔穎達疏都説當時的"地中"是潁川：

> 《大司徒》鄭玄注："土圭之長尺有五寸，以夏至日立八尺之表，其景適與土圭等，謂之地中，今潁川陽城地爲然。"疏："潁川郡陽城縣，是周公度景之處，古迹猶存。"

依照這個説法，"地中"是潁川不是雒邑。那麼，因雒邑爲"地中"而稱"天保"的説法便不確切了。實際上，雒邑稱天保，也還是因爲它是政治的中樞。《論語》有個説法形象地道明這一點：

> 《論語·爲政》："爲政以德，譬如北辰，居其所而衆星共之。"劉寶楠《論語正義》引鄭玄注説："北極謂之北辰。"又引郭璞説："北極，天之中。"然後説："蔡邕《明堂月令論》以北辰居其所，爲人君居明堂之象，謂明堂爲政教所由生，變化所由來，是明一統。其説是也。"

可見北極、北辰、天樞是一物而三名。古代把北極比作政權中樞。周有宗周（鎬京）、成周（雒邑）二都，爲什麽單説雒邑是政權的中樞呢？這要從歷史上看。武王滅紂之後，商朝奴隸主的社會勢力還很强大。武王爲了分化利用商朝貴族的勢力，封紂子禄父（即武庚）殷之餘民爲商後，留在今河南地區的商都。但是又擔心"殷初定，未集"，便使管叔、蔡叔和霍叔進行監督，稱爲"三監"。在這以前，文王建都於豐，武王又修建了鎬京，但是由於地處西偏，武王總擔心東方的局勢不穩，以至"自夜不寐"。他曾對周公説："以至今，我未定天保，何暇寐！"武王死後，果然發生了武庚勾結管叔、蔡叔的叛亂，周公用了三年的時間討伐，才平定下來。周公爲了防止商朝奴隸主貴族再舉行叛亂，就先把"殷頑民"遷於九里，這就是《逸周書·作雒篇》所説的："俘殷獻民，遷于九里。"同時又營建雒都，建成之後，又把"殷頑民"遷於成周。這就是《書經·多士序》所説："成周既成，遷殷頑民。"周公曾對"殷頑民"給以嚴厲的警告説，如果他們不老老實實地忠於周王朝，就要對他們進行嚴酷的鎮壓。"九里"，孫詒讓根據《戰國策》、《韓非子》認爲就是"臼里"，其地在孟津，是周畿内地。雒邑未成之時，遷"殷頑民"於畿内，雒邑建成之後，才遷之於成周。周公修建雒邑的目的是爲了加强中央對殷遺民的統治這一點就很明確了。所以西周雖有鎬京和雒邑二都,實際上是以雒邑爲政治中樞的。

當時的詩歌也可證明雒邑是周政權中樞所在地。《詩經·王風·黍離》寫出了周王朝的宗廟宫室都已毁壞的狀況。那裏都變成了耕地,生長着禾苗。毛傳認爲寫的是鎬京的景象,所以説"閔宗周"。這個説法是不對的。這首詩收在《王風》中,而王城乃是周東都王城畿内方六百里之地,所以這首詩明明是作者因看到東都雒邑的破敗而抒發的慨嘆,何必附會爲"大夫行役,至于宗周"呢?作者在看到東都破敗景象之後所以會産生"中心摇摇"、"中心如醉"、"中心如噎"的深切憂慮與悲哀,正是由於雒邑是周王朝的政治中樞,看到它的荒凉便感到國家瀕於衰亡的緣故。

綜上所述,周王朝是以雒邑爲中心的,它和地方的關係,正如車蓋的部和蓋弓的關係,或者和天象的北極星與二十八宿的關係一樣。天之中樞稱天保,政治中心也稱天保,這樣,我們對於《詩經·小雅·天保》這首詩也就容易理解了。詩中的天保就是《逸周書·度邑》的天保,詩中所説的"天保定爾,亦孔之固"就是説,雒邑建成之後,政權便十分穩固,也就可以保證國勢興旺、財貨委積、宗廟不墜。鄭箋訓"保"爲"安",僅從字面解釋,實未得其要領。

# 索　引

## 説　明

一、本索引只供閲讀本書參考。

二、‘　’内爲上古韵韵部,依黄季剛先生二十八部韵目及歸類。先秦文獻中未見的後出字以〇識之。上古聲紐可參照《廣韵》聲紐推出,故不列。

三、反切均按《廣韵》,反切後面括號内爲《廣韵》的聲、韵、調。《廣韵》未收或所收與文中所論之字同形而不同義的字,以〇識之。

四、今讀根據徐鉉《説文》及《廣韵》的反切推出。現代漢語常用字並參照《新華字典》標準讀音。

五、一字多音的只列與所論意義有關的音,餘者不列。

六、(《　》)　内爲本書篇目的簡稱。

### 一　畫


乙　‘屑’　於筆切(影・質・入)　yǐ　(《干》)　49 頁


### 二　畫


丁　‘青’　當經切(端・青・平)　dīng　(《干》)　50 頁

## 三　畫

| | | | | | |
|---|---|---|---|---|---|
| 也 | ‘歌’ | 羊者切(以·馬·上) | yě | (《序》、《鼠》) | 3、68 頁 |
| 己 | ‘咍’ | 居理切(見·止·上) | jǐ | (《干》) | 52 頁 |
| 子 | ‘咍’ | 即里切(精·止·上) | zǐ | (《干》) | 54 頁 |
| 巳 | ‘咍’ | 詳里切(邪·止·上) | sì | (《干》) | 57 頁 |
| 女 | ‘模’ | 尼吕切(泥·語·上) | nǚ | (《如》) | 64 頁 |
| 乞 | ‘没’ | 去訖切(溪·迄·入) | qǐ | (《祈》) | 87 頁 |

## 四　畫

| | | | | | |
|---|---|---|---|---|---|
| 毛 | ‘豪’ | 莫袍切(明·豪·平) | máo | (《序》、《毛》) | 3、144 頁 |
| 牛 | ‘咍’ | 語求切(疑·尤·平) | niú | (《序》) | 4 頁 |
| 天 | ‘先’ | 他前切(透·先·平) | tiān | (《序》) | 7 頁 |
| 壬 | ‘青’ | 他鼎切(透·迥·上) | tǐng | (《序》) | 7 頁 |
| 夭 | ‘豪’ | 於喬切(影·宵·平) | yāo | (《序》) | 7 頁 |
| | | 於兆切(影·小·上) | yǎo | | |
| 中 | ‘冬’ | 陟弓切(知·東·平) | zhōng | (《中》) | 24 頁 |
| | | 陟仲切(知·送·去) | zhòng | | |
| 壬 | ‘覃’ | 如林切(日·侵·平) | rén | (《干》) | 53 頁 |
| 丑 | ‘蕭’ | 敕九切(徹·有·上) | chǒu | (《干》) | 55 頁 |
| 以 | ‘咍’ | 羊已切(以·止·上) | yǐ | (《干》) | 57 頁 |
| 午 | ‘模’ | 疑古切(疑·姥·上) | wǔ | (《干》) | 58 頁 |

## 五　畫

| | | | | | |
|---|---|---|---|---|---|
| 匜 | ‘齊’ | 移爾切(以·紙·上) | yǐ | (《序》) | 3 頁 |

| | | | | | |
|---|---|---|---|---|---|
| 玄 | ‘先’ | 胡涓切(匣・先・平) | xuán | (《序》) | 8 頁 |
| 甲 | ‘帖’ | 古狎切(見・狎・入) | jiǎ | (《干》) | 48 頁 |
| 丙 | ‘唐’ | 兵永切(幫・梗・上) | bǐng | (《干》) | 50 頁 |
| 打 | ○ | 都挺切(端・迥・上) | dǎ | (《干》) | 51 頁 |
| | | 德冷切(端・梗・上) | | | |
| 戊 | ‘蕭’ | 莫候切(明・候・去) | wù | (《干》) | 52 頁 |
| 卯 | ‘蕭’ | 莫飽切(明・巧・上) | mǎo | (《干》) | 56 頁 |
| 未 | ‘没’ | 無沸切(微・未・去) | wèi | (《干》) | 58 頁 |
| 申 | ‘先’ | 失人切(書・真・平) | shēn | (《干》) | 59 頁 |
| 奴 | ‘模’ | 乃都切(泥・模・平) | nú | (《如》) | 62 頁 |
| 卉 | ‘灰’ | 許貴切(曉・未・去) | huì | (《草》) | 72 頁 |
| 台 | ‘寒’ | 以轉切(以・獮・上) | yǎn | (《台》) | 92 頁 |
| 加 | ‘歌’ | 古牙切(見・麻・平) | jiā | (《加》) | 113 頁 |
| 史 | ‘咍’ | 踈士切(生・止・上) | shǐ | (《行》) | 139 頁 |


## 六　畫


| | | | | | |
|---|---|---|---|---|---|
| 件 | ○ | 其輦切(群・獮・上) | jiàn | (《序》) | 4 頁 |
| 早早 | ‘蕭’ | 子晧切(精・晧・上) | zǎo | (《序》) | 5 頁 |
| 舟 | ‘蕭’ | 職流切(章・尤・平) | zhōu | (《序》) | 9 頁 |
| 州 | ‘蕭’ | 職流切(章・尤・平) | zhōu | (《序》) | 9 頁 |
| 受 | ‘豪’ | 平表切(並・小・上) | biào | (《序》) | 20 頁 |
| 曲 | ‘侯’ | 丘玉切(溪・燭・入) | qū 或 qǔ | (《局》) | 30 頁 |
| 朾 | ‘青’ | 中莖切(知・耕・平) | zhēng | (《干》) | 51 頁 |
| | | 宅耕切(澄・青・平) | | | |
| 字 | ‘咍’ | 疾置切(從・志・去) | zì | (《干》) | 54 頁 |

似 ‘咍’ 詳里切(邪·止·上) sì (《干》) 57頁
戌 ‘曷’ 辛聿切(心·術·入) xū (《干》) 60頁
亥 ‘咍’ 胡改切(匣·海·上) hài (《干》) 60頁
如 ‘模’ 入諸切(日·魚·平) rú (《如》) 62頁
因 ‘先’ 於真切(影·真·平) yīn (《因》) 74頁
后 ‘侯’ 胡遘切(匣·候·去) hòu (《社》) 78頁
气 ‘没’ 去既切(溪·未·去) qì (《祈》) 88頁
名 ‘青’ 武并切(明·清·平) míng (《名》) 95頁
守 ‘蕭’ 書九切(書·有·上) shǒu (《除》) 108頁
吏 ‘咍’ 力置切(來·志·去) lì (《行》) 139頁

## 七 畫

伺 ‘咍’ 相吏切(心·志·去) sì (《序》、《加》) 5、115頁
𦥑 ‘蕭’ 居玉切(見·燭·入) jú (《序》) 18頁
居六切(見·屋·入)
局 ‘屋’ 渠玉切(群·燭·入) jú (《局》) 30頁
兵 ‘唐’ 甫明切(幫·庚·平) bīng (《干》) 52頁
更 ‘唐’ 古恒切(見·登·平) gēng (《干》) 53頁
古孟切(見·映·去) gèng
古行切(見·庚·平) jīng
辛 ‘先’ 息鄰切(心·真·平) xīn (《干》) 53頁
妊 ‘覃’ 汝鴆切(日·沁·去) rèn (《干》) 53頁
狃 ‘蕭’ 女久切(泥·有·上) niǔ (《干》) 55頁
辰 ‘痕’ 植鄰切(禪·真·平) chén (《干》) 56頁
酉 ‘蕭’ 與久切(以·有·上) yǒu (《干》) 59頁

| | | | | | |
|---|---|---|---|---|---|
| 社 | ‘模’ | 常者切(禪·馬·上) | shè | (《社》) | 78 頁 |
| 志 | ‘咍’ | 職吏切(章·志·去) | zhì | (《職》) | 81 頁 |
| 忣 | ‘灰’ | 居豙切(見·未·去) | jì | (《祈》) | 87 頁 |
| 忨 | ‘寒’ | 五丸切(疑·桓·平) | wán | (《玩》) | 90 頁 |
| 沇 | ‘寒’ | 以轉切(以·獮·上) | yǎn | (《台》) | 92 頁 |
| 兑 | ‘曷’ | 杜外切(定·泰·去) | duì | (《台》) | 93 頁 |
| 言 | ‘寒’ | 語軒切(疑·元·平) | yán | (《言》) | 102 頁 |
| 呆 | ○ | 五來切(疑·咍·平) | ái | (《騃》) | 122 頁 |
| 佁 | ‘咍’ | 夷在切(以·海·上) | ǎi | (《騃》) | 122 頁 |
| 李 | ‘咍’ | 良士切(來·止·上) | lǐ | (《行》) | 139 頁 |
| 里 | ‘咍’ | 良士切(來·止·上) | lǐ | (《行》) | 140 頁 |
| 車 | ‘模’ | 九魚切(見·魚·平) | jū | (《輔》) | 141 頁 |
| | | 尺遮切(昌·麻·平) | chē | | |


## 八　畫


| | | | | | |
|---|---|---|---|---|---|
| 苗 | ‘豪’ | 武瀌切(明·宵·平) | miáo | (《序》、《毛》) | 3、144 頁 |
| 幸 | ‘青’ | 胡耿切(匣·耿·上) | xìng | (《序》) | 7 頁 |
| 周 | ‘蕭’ | 職流切(章·尤·平) | zhōu | (《序》) | 9 頁 |
| 泥 | ‘灰’ | 奴計切(泥·霽·去) | nì | (《序》) | 15 頁 |
| 房 | ‘唐’ | 符方切(奉·陽·平) | fáng | (《備》) | 42 頁 |
| 軋 | ‘没’ | 烏黠切(影·黠·入) | yà | (《干》) | 49 頁 |
| 庚 | ‘唐’ | 古行切(見·庚·平) | gēng | (《干》) | 52 頁 |
| 乳 | ‘侯’ | 而主切(日·麌·上) | rǔ | (《干》) | 54 頁 |
| 朏 | ‘蕭’ | 女久切(泥·有·上) | niǔ | (《干》) | 59 頁 |
| 若 | ‘鐸’ | 而灼切(日·藥·入) | ruò | (《如》、《唱》) | 64、120 頁 |

侖 ‘痕’ 力迍切(來·諄·平) lún (《類》) 66頁
狗 ‘侯’ 古厚切(見·厚·上) gǒu (《社》) 79頁
祈 ‘灰’ 渠希切(群·微·平) qí (《祈》) 87頁
玩 ‘寒’ 五還切(疑·删·平) wán (《玩》) 90頁
五换切(疑·换·去) wàn
沿 ‘寒’ 與專切(以·仙·平) yán (《台》) 92頁
兖 ‘寒’ 以轉切(以·獮·上) yǎn (《台》) 92頁
命 ‘青’ 眉病切(明·映·去) mìng (《名》) 95頁
明 ‘唐’ 武兵切(明·庚·平) míng (《名》) 95頁
和 ‘歌’ 户戈切(匣·戈·平) hé (《麾》) 98頁
胡卧切(匣·過·去) hè
尚 ‘唐’ 時亮切(禪·漾·去) shàng (《尚》) 132頁
使 ‘咍’ 踈士切(生·止·上) shǐ (《行》) 139頁
事 ‘咍’ 鉏吏切(崇·志·去) shì (《行》) 139頁

## 九 畫

冒 ‘蕭’ 莫報切(明·號·去) mào (《序》、《貪》) 4、124頁
待 ‘咍’ 徒亥切(定·海·上) dài (《序》、《時》) 5、84頁
荏 ‘覃’ 如甚切(日·寢·上) rěn (《序》) 19頁
皇 ‘唐’ 胡光切(匣·唐·平) huáng (《皇》) 34頁
癹 ‘曷’ 蒲撥切(並·末·入) bá (《撥》) 39頁
癸 ‘灰’ 居誄切(見·旨·上) guǐ (《干》) 54頁
昧 ‘没’ 莫佩切(明·隊·去) mèi (《干》) 58頁
胂 ‘先’ 丑人切(徹·真·平) chēn (《干》) 59頁
神 ‘先’ 食鄰切(船·真·平) shén (《干》) 59頁

| | | | | | |
|---|---|---|---|---|---|
| 酋 | ‘蕭’ | 自秋切(從·尤·平) | qiú | (《干》) | 60 頁 |
| 施 | ‘歌’ | 式支切(書·支·平) | shi | (《鼠》) | 68 頁 |
| 草 | ‘蕭’ | 采老切(清·皓·上) | cǎo | (《草》) | 72 頁 |
| 茵 | ‘先’ | 於真切(影·真·平) | yīn | (《因》) | 75 頁 |
| 衍 | ‘寒’ | 以淺切(以·狝·上) | yǎn | (《台》) | 92 頁 |
| 除 | ‘模’ | 直魚切(澄·魚·平) | chú | (《除》) | 107 頁 |
| 挺 | ‘青’ | 徒鼎切(定·迥·上) | tǐng | (《尉》) | 135 頁 |
| 保 | ‘蕭’ | 博抱切(幫·皓·上) | bǎo | (《天》) | 146 頁 |


## 十　畫


| | | | | | |
|---|---|---|---|---|---|
| 健 | ‘寒’ | 渠建切(群·願·去) | jiàn | (《序》) | 4 頁 |
| 時 | ‘咍’ | 市之切(禪·之·平) | shí | (《序》、《時》) | 5、84 頁 |
| 蚤 | ‘蕭’ | 子皓切(精·皓·上) | zǎo | (《序》) | 5 頁 |
| 殷勤 | ‘痕’ | 於斤切(影·殷·平) | yīnqín | (《序》) | 13 頁 |
| | ‘痕’ | 巨斤切(群·殷·平) | | | |
| 羞 | ‘蕭’ | 息流切(心·尤·平) | xiū | (《干》) | 55 頁 |
| 辱 | ‘屋’ | 而蜀切(日·燭·入) | rǔ 或 rù | (《干》) | 57 頁 |
| 娠 | ‘先’ | 失人切(書·真·平) | shēn | (《干》) | 57 頁 |
| 酒 | ‘蕭’ | 子酉切(精·有·上) | jiǔ | (《干》) | 59 頁 |
| 家 | ‘模’ | 古牙切(見·麻·平) | jiā | (《干》) | 61 頁 |
| 倫 | ‘痕’ | 力迍切(來·諄·平) | lún | (《類》) | 67 頁 |
| 莽 | ‘唐’ | 模朗切(明·蕩·上) | mǎng | (《草》) | 72 頁 |
| 殷 | ‘痕’ | 於斤切(影·殷·平) | yīn | (《祈》) | 88 頁 |
| 唁 | ‘寒’ | 魚變切(疑·線·去) | yàn | (《言》) | 104 頁 |
| 原(田) | ‘寒’ | 愚袁切(疑·元·平) | yuán | (《原》) | 128 頁 |

| | | | | | |
|---|---|---|---|---|---|
| 部 | ‘咍’ | 裴古切（並・姥・上） | bù | （《天》） | 146 頁 |

## 十一畫

| | | | | | |
|---|---|---|---|---|---|
| 筋 | ‘寒’ | 渠建切（群・願・去） | jiàn | （《序》） | 4 頁 |
| 婞 | ‘青’ | 胡頂切（匣・迥・上） | xìng | （《序》） | 7 頁 |
| 牽 | ‘先’ | 苦堅切（溪・先・平） | qiān | （《序》） | 8 頁 |
| 頂 | ‘青’ | 都挺切（端・迥・上） | dǐng | （《序》） | 9 頁 |
| 基 | ‘咍’ | 居之切（見・之・平） | jī | （《序》） | 11 頁 |
| 密 | ‘屑’ | 美畢切（明・質・入） | mì | （《序》） | 12 頁 |
| 從容 | ‘東’ | 七恭切（清・鐘・平）<br>餘封切（以・鐘・平） | cōngróng | （《序》） | 14 頁 |
| 豛 | ‘侯’ | 度侯切（定・侯・平） | tóu | （《序》） | 15 頁 |
| ⿰歹內 | ‘寒’ | 徂贊切（從・翰・去） | cán | （《祭》） | 22 頁 |
| 祭 | ‘曷’ | 子例切（精・祭・去） | jì | （《祭》） | 22 頁 |
| 帳 | ‘唐’ | 知亮切（知・漾・去） | zhàng | （《中》） | 26 頁 |
| 梮 | ‘屋’ | 居玉切（見・燭・入） | jú | （《局》） | 31 頁 |
| 區 | ‘侯’ | 豈俱切（溪・虞・平）<br>烏侯切（影・侯・平） | qū<br>ōu | （《局》） | 33 頁 |
| 笪 | ‘曷’ | 都達切（端・曷・入） | dá | （《干》） | 51 頁 |
| 寅 | ‘先’ | 翼真切（以・真・平） | yín | （《干》） | 55 頁 |
| 紳 | ‘先’ | 失人切（書・真・平） | shēn | （《干》） | 59 頁 |
| 喏 | ‘鐸’ | 奴各切（泥・鐸・入） | nuò | （《如》、《唱》） | 64、120 頁 |
| 累（纍） | ‘灰’ | 力追切（來・脂・平） | léi | （《類》） | 66 頁 |
| 淪 | ‘痕’ | 力迍切（來・諄・平） | lún | （《類》） | 66 頁 |
| 裀 | ‘先’ | 於真切（影・真・平） | yīn | （《因》） | 76 頁 |

| | | | | | |
|---|---|---|---|---|---|
| 訢 | ‘痕’ | 許斤切(曉·殷·平) | xīn | (《祈》) | 88 頁 |
| 铻 | ‘模’ | 五故切(疑·暮·去) | wù | (《言》) | 104 頁 |
| 敔 | ‘模’ | 魚巨切(疑·語·上) | yǔ | (《言》) | 104 頁 |
| 趼 | ‘寒’ | 古典切(見·銑·上) | jiǎn | (《趼》) | 118 頁 |
| 唱(喏) | ‘唐’ | 尺亮切(昌·漾·去) | chàng | (《唱》) | 120 頁 |


## 十二畫


| | | | | | |
|---|---|---|---|---|---|
| 腱 | ‘寒’ | 渠建切(群·願·去) | jiàn | (《序》) | 4 頁 |
| 落 | ‘鐸’ | 盧各切(來·鐸·入) | luò | (《序》) | 11 頁 |
| 須臾 | ‘侯’ | 相俞切(心·虞·平) | xūyú | (《序》) | 14 頁 |
| | ‘侯’ | 羊朱切(以·虞·平) | | | |
| 馮 | ‘登’ | 房戎切(奉·東·平) | féng | (《序》) | 20 頁 |
| | | 扶冰切(並·蒸·平) | píng | | |
| 殘 | ‘寒’ | 昨干切(從·寒·平) | cán | (《祭》) | 22 頁 |
| 備 | ‘德’ | 平祕切(並·至·去) | bèi | (《備》) | 41 頁 |
| 貿 | ‘蕭’ | 莫候切(明·候·去) | mào | (《干》) | 56 頁 |
| 尊 | ‘痕’ | 祖昆切(精·魂·平) | zūn | (《干》) | 60 頁 |
| 絪 | ‘先’ | 於真切(影·真·平) | yīn | (《因》) | 76 頁 |
| 皴 | ‘痕’ | 七倫切(清·諄·平) | cūn | (《趼》) | 119 頁 |


## 十三畫


| | | | | | |
|---|---|---|---|---|---|
| 鉉 | ‘先’ | 胡畎切(匣·銑·上) | xuàn | (《序》) | 9 頁 |
| 督 | ‘蕭’ | 冬毒切(端·沃·入) | dū | (《序》) | 19 頁 |
| 際 | ‘曷’ | 子例切(精·祭·去) | jì | (《祭》) | 23 頁 |
| 骯髒 | ‘○’ | ○ | āngzāng | (《骯》) | 37 頁 |

| | | | | | |
|---|---|---|---|---|---|
| | | ○ | | | |
| 媰 | ‘侯’ | 仕于切(崇·虞·平) | chú | (《干》) | 54 頁 |
| 蜃 | ‘痕’ | 時刃切(禪·震·去) | shèn | (《干》) | 56 頁 |
| 農 | ‘冬’ | 奴冬切(泥·冬·平) | nóng | (《干》) | 56 頁 |
| 蓐 | ‘屋’ | 而蜀切(日·燭·入) | rù | (《干》) | 57 頁 |
| 電 | ‘先’ | 堂練切(定·霰·去) | diàn | (《干》) | 59 頁 |
| 雷 | ‘灰’ | 魯回切(來·灰·平) | léi | (《類》) | 65 頁 |
| 鼠 | ‘模’ | 舒吕切(書·語·上) | shǔ | (《鼠》) | 68 頁 |
| 微 | ‘灰’ | 無非切(微·微·平) | wēi | (《職》) | 81 頁 |
| 蒔 | ‘咍’ | 時吏切(禪·志·去) | shì | (《時》) | 86 頁 |
| 塒 | ‘咍’ | 市之切(禪·之·平) | shí | (《時》) | 86 頁 |
| 羨 | ‘寒’ | 似面切(邪·線·去) | xiàn | (《台》) | 93 頁 |
| 綏 | ‘歌’ | 息遺切(心·脂·平) | suī | (《戲》) | 99 頁 |
| 資斧 | ‘灰’ | 即夷切(精·脂·平) | zīfǔ | (《資》) | 110 頁 |
| | ‘模’ | 方矩切(幫·麌·上) | | | |
| 越 | ‘寒’ | 雨元切(雲·元·平) | yuán | (《原》) | 130 頁 |


## 十四畫


| | | | | | |
|---|---|---|---|---|---|
| 緈 | ‘青’ | 胡頂切(匣·迥·上) | xìng | (《序》) | 7 頁 |
| 墒 | ○ | 式羊切(書·陽·平) | shāng | (《序》) | 10 頁 |
| 凳 | ‘登’ | 都滕切(端·登·平) | dēng | (《序》) | 15 頁 |
| 蔡 | ‘曷’ | 倉大切(清·泰·去) | cài | (《祭》) | 23 頁 |
| 察 | ‘曷’ | 初八切(初·黠·入) | chá | (《祭》) | 23 頁 |
| 幓 | ‘曷’ | 所例切(生·祭·去) | shì | (《祭》) | 23 頁 |
| 貍 | ‘咍’ | 里之切(來·之·平) | lǐ | (《劉》) | 29 頁 |

| | | | | | |
|---|---|---|---|---|---|
| 厭瓚 | ‘添’ | 於艶切(影·艶·去) | yànzàn | (《骯》) | 38頁 |
| | ‘寒’ | 藏旱切(從·旱·上) | | | |
| 箙 | ‘德’ | 房六切(奉·屋·入) | fú | (《備》) | 41頁 |
| 犕 | ‘德’ | 平祕切(並·至·去) | bèi | (《備》) | 42頁 |
| 膀 | ‘唐’ | 步光切(並·唐·平) | bǎng | (《干》) | 50頁 |
| 夤 | ‘先’ | 翼真切(以·真·平) | yín | (《干》) | 55頁 |
| 綸 | ‘痕’ | 力迍切(來·諄·平) | lún | (《類》) | 66頁 |
| 摞 | ○ | 魯過切(來·過·去) | luò | (《類》) | 67頁 |
| 鞇 | ‘先’ | 於真切(影·真·平) | yīn | (《因》) | 76頁 |
| 隧 | ‘没’ | 徐醉切(邪·至·去) | suì | (《台》) | 93頁 |
| 説 | ‘曷’ | 失爇切(書·薛·入) | shuō | (《台》) | 94頁 |
| 鳴 | ‘青’ | 武兵切(明·庚·平) | míng | (《名》) | 95頁 |
| 語 | ‘模’ | 魚巨切(疑·語·上) | yǔ | (《言》) | 102頁 |
| 齊 | ‘灰’ | 徂奚切(從·齊·平) | qí | (《資》) | 111頁 |
| 輔 | ‘模’ | 扶雨切(奉·麌·上) | fǔ | (《輔》) | 141頁 |


## 十五畫


| | | | | | |
|---|---|---|---|---|---|
| 墨 | ‘德’ | 莫北切(明·德·入) | mò | (《序》、《貪》) | 4、124頁 |
| 横 | ‘唐’ | 户盲切(匣·庚·平) | héng | (《序》) | 6頁 |
| | | 户孟切(匣·映·去) | hèng | | |
| 謟 | ‘蕭’ | 徒刀切(定·豪·平) | táo | (《序》) | 15頁 |
| 暴 | ‘豪’ | 薄報切(並·號·去) | bào | (《序》) | 20頁 |
| 劉 | ‘蕭’ | 力求切(來·尤·平) | liú | (《劉》) | 28頁 |
| 撥 | ‘曷’ | 北末切(幫·末·入) | bō | (《撥》) | 39頁 |
| 履 | ‘齊’ | 力几切(來·旨·上) | lǐ或lǚ | (《干》) | 50頁 |

| | | | | | |
|---|---|---|---|---|---|
| 劌 | ‘曷’ | 居衛切(見・祭・去) | guì | (《干》) | 60 頁 |
| 論 | ‘痕’ | 盧困切(來・慁・去) | lùn | (《類》) | 66 頁 |
| | | 盧昆切(來・魂・平) | lún | | |
| 駒 | ‘侯’ | 舉朱切(見・虞・平) | jū | (《社》) | 79 頁 |
| 幟 | ‘咍’ | 職吏切(章・志・去) | zhì | (《職》) | 81 頁 |
| 翫 | ‘寒’ | 五換切(疑・換・去) | wàn | (《死》) | 90 頁 |
| 麾 | ‘歌’ | 許爲切(曉・支・平) | huī | (《戲》) | 98 頁 |
| 暫 | ‘添’ | 藏濫切(從・闞・去) | zàn | (《加》) | 115 頁 |
| 數 | ‘侯’ | 所矩切(生・麌・上) | shǔ | (《加》) | 116 頁 |
| | | 色句切(生・遇・去) | shù | | |


## 十六畫


| | | | | | |
|---|---|---|---|---|---|
| 親 | ‘先’ | 七人切(清・真・平) | qīn | (《序》) | 12 頁 |
| 膩 | ‘灰’ | 女利切(泥・至・去) | nì | (《序》) | 15 頁 |
| 餐 | ‘寒’ | 七安切(清・寒・平) | cān | (《祭》) | 22 頁 |
| 膢 | ‘侯’ | 良朱切(來・虞・平) | lǘ | (《劉》) | 29 頁 |
| 冀 | ‘灰’ | 几利切(見・至・去) | jì | (《祈》) | 87 頁 |
| 繭 | ‘寒’ | 古典切(見・銑・上) | jiǎn | (《跰》) | 119 頁 |
| 黼 | ‘模’ | 扶雨切(奉・麌・上) | fǔ | (《輔》) | 142 頁 |


## 十七畫


| | | | | | |
|---|---|---|---|---|---|
| 襄 | ‘唐’ | 息良切(心・陽・平) | xiāng | (《序》) | 10 頁 |
| 盩 | ‘蕭’ | 張流切(知・尤・平) | zhōu | (《序》) | 15 頁 |
| 藏 | ‘唐’ | 徂浪切(從・宕・去) | zàng | (《中》) | 24 頁 |
| | | 昨郎切(從・唐・平) | cáng | | |

| | | | | | |
|---|---|---|---|---|---|
| 鮞 | ‘咍’ | 如之切(日·之·平) | ér | (《干》) | 54 頁 |
| 檥 | ‘歌’ | 魚倚切(疑·紙·上) | yǐ | (《檥》) | 70 頁 |
| 觳 | ‘侯’ | 蒲角切(並·覺·入) | bó | (《社》) | 79 頁 |
| 覬 | ‘灰’ | 几利切(見·至·去) | jì | (《祈》) | 88 頁 |
| 駾 | ‘曷’ | 他外切(透·泰·去) | tuì | (《兌》) | 94 頁 |
| 戲 | ‘歌’ | 香義切(曉·寘·去) | xì | (《麾》) | 98 頁 |
| 騃 | ‘咍’ | 五駭切(疑·駭·上) | ái | (《騃》) | 122 頁 |


## 十八畫


| | | | | | |
|---|---|---|---|---|---|
| 題 | ‘齊’ | 杜奚切(定·齊·平) | tí | (《序》) | 9 頁 |
| 鎦 | ‘蕭’ | 力求切(來·尤·平) | liú | (《劉》) | 29 頁 |
| 雛 | ‘侯’ | 仕于切(崇·虞·平) | chú | (《干》、《社》) | 54、79 頁 |
| 職 | ‘德’ | 之翼切(章·職·入) | zhí | (《職》) | 81 頁 |
| 繭 | ‘寒’ | 古典切(見·銑·上) | jiǎn | (《趼》) | 118 頁 |


## 十九畫


| | | | | | |
|---|---|---|---|---|---|
| 顛 | ‘先’ | 都年切(端·先·平) | diān | (《序》) | 7 頁 |
| 鏖糟 | ○ | 五勞切(疑·豪·平) | aózāo | (《骯》) | 38 頁 |
| | ‘蕭’ | 作曹切(精·豪·平) | | | |
| 鏑 | ‘錫’ | 都歷切(端·錫·入) | dí | (《干》) | 50 頁 |
| 籐 | ‘先’ | 徒渾切(定·魂·平) | tún | (《干》) | 51 頁 |
| 類 | ‘灰’ | 盧對切(來·隊·去) | lèi | (《類》) | 65 頁 |
| | | 力遂切(來·至·去) | | | |
| 艤 | ‘歌’ | 魚倚切(疑·紙·上) | yǐ | (《檥》) | 71 頁 |
| 識 | ‘德’ | 職吏切(章·志·去) | zhì | (《職》) | 81 頁 |

| | | 賞職切(書・職・入) | shí | | |
|---|---|---|---|---|---|

## 二十畫

| | | | | | |
|---|---|---|---|---|---|
| 懸 | ‘寒’ | 胡涓切(匣・先・平) | xuán | (《序》) | 8 頁 |
| 攘 | ‘唐’ | 汝陽切(日・陽・平) | ráng | (《序》) | 10 頁 |
| 壤 | ‘唐’ | 如兩切(日・養・上) | rǎng | (《序》) | 10 頁 |
| 櫬 | ‘先’ | 初覲切(初・震・去) | chèn | (《序》) | 13 頁 |
| 髆 | ‘鐸’ | 補各切(幫・鐸・入) | bó | (《干》) | 50 頁 |
| 轙 | ‘歌’ | 魚倚切(疑・紙・上) | yǐ | (《檥》) | 71 頁 |

## 二十一畫

| | | | | | |
|---|---|---|---|---|---|
| 襯 | ○ | 初覲切(初・震・去) | chèn | (《序》) | 13 頁 |
| 鷇 | ‘侯’ | 苦候切(溪・候・去) | kòu | (《社》) | 79 頁 |

## 二十二畫

| | | | | | |
|---|---|---|---|---|---|
| 瓤 | ○ | 汝陽切(日・陽・平) | ráng | (《序》) | 10 頁 |

## 二十三畫

| | | | | | |
|---|---|---|---|---|---|
| 巔 | ‘先’ | 都年切(端・先・平) | diān | (《序》) | 7 頁 |
| 籤 | ‘添’ | 七廉切(清・鹽・平) | qiān | (《序》) | 20 頁 |
| 驗 | ‘添’ | 魚窆切(疑・豔・去) | yàn | (《序》) | 20 頁 |

## 二十四畫

| | | | | | |
|---|---|---|---|---|---|
| 讖 | ‘添’ | 楚譖切(初・沁・去) | chèn | (《序》) | 20 頁 |
| 齷齪 | ‘屋’ | 於角切(影・覺・入) | wòchuò | (《骯》) | 38 頁 |

| | | | | | |
|---|---|---|---|---|---|
| | ‘屋’ | 測角切(初・覺・入) | | | |
| 鱦 | ‘登’ | 以證切(以・證・去) | yìng | (《干》) | 54 頁 |
| | | 食陵切(船・蒸・平) | shéng | | |


## 二十五畫


| | | | | | |
|---|---|---|---|---|---|
| 鑲 | ‘唐’ | 息良切(心・陽・平) | xiāng | (《序》) | 10 頁 |